*Entdecke das Licht in dir
und werde,
wer du in Wahrheit bist*

Dieses Buch
widme ich meinen beiden
wunderbaren Kindern

Stefan und Nina.

Durch ihre besondere Individualität und Geradlinigkeit
darf ich immer wieder wertvolle Erfahrungen machen
sowie neue Erkenntnisse gewinnen.

Von Herzen und in tiefster Liebe wünsche ich beiden die Kraft zur
Meisterschaft ihres Lebens im Sinne ihrer höchsten Wahrheit.

Gott schütze euch

Brigitte Beck

Entdecke das Licht in dir
und werde,
wer du in Wahrheit bist

Bibliografische Information der Deutschen Nationalbibliothek:
Die Deutsche Nationalbibliothek verzeichnet diese Publikation in der Deutschen
Nationalbibliografie; detaillierte Daten sind im Internet über
http://dnb.d-nb.de abrufbar.

© 2006 Brigitte Beck
Satz, Umschlagdesign, Herstellung und Verlag: Books on Demand GmbH, Norderstedt
ISBN 13: 978-3-8334-5229-1
ISBN 10: 3-8334-5229-3

*Nicht unsere Dunkelheit,
unsere Neigung,
Chaos und Wahnsinn hervorzurufen,
fürchten wir,
sondern unsere innere Größe und unser
enormes inneres Potential,
in hellem Glanz zu erstrahlen.*

Nelson Mandela

Inhalt

11 Einleitung

15 Zurück zur eigenen Identität

23 Gedankenhygiene

29 Krankheit als Ausdruck eines nicht geheilten Seelenschmerzes

37 Berührung mit universeller Lebensenergie

49 Ein kleiner Vogel namens Bernie

56 Der Leuchtturm

59 Lage und körperlicher Einflussbereich der Chakren

68 Chakra-Test

71 Chakra-Meditation

75 Auflösen von Schuldgefühlen

85 Du bist nicht Opfer, sondern Schöpfer deines Lebens

99 Du bist nie allein

102 Behandlung durch Liebe

104 Invokationen

107 Schlusswort

Einleitung

Während der letzten Jahre rutschte ich immer tiefer und tiefer in einen seelischen Abgrund und wurde immer verzweifelter, weil ich erkannte, dass all meine Träume, Wünsche und Hoffnungen,

ein erfülltes, glückliches, harmonisches Leben zu leben,

unerfüllt blieben.

Meinen Alltag erlebte ich nicht mehr getragen von Leichtigkeit, Freude, Liebe und Geborgenheit. Vielmehr gestaltete er sich zunehmend als freud- und farblos, mein ganzes Leben als leer und kalt.

Depressionen und schlaflose Nächte raubten mir zusehends meine Lebensenergie und Lebensfreude.

Unaufhörlich spürte ich jedoch das tiefe, innere Sehnen danach in meinem Herzen. Über viele Jahre unterlag ich, wie so viele Menschen, dem Irrglauben, dass das größte Maß an Lebensenergie und Lebensfreude etwas sei, was von äußeren Situationen oder Lebensumständen abhängt.

Auf der Suche nach Erfüllung meines Sehnens habe ich zumindest teilweise mein Leben immer wieder in die Hände anderer gelegt und war immer wieder enttäuscht, wenn ich erkennen musste, dass diese Personen im Grunde weniger vom Leben wussten als ich.

Unzählige spirituelle Bücher, Lektüren über Selbsthilfe und Lebensratgeber habe ich gelesen, viele kostspielige Kurse und Seminare besucht. Ich konsultierte sowohl Astrologen als auch Kartenleger und machte teure Ausbildungen. In dem Maße, wie ich gute und weniger gute Lehrmeister hatte, machte ich gute und weniger gute, wichtige und weniger wichtige Erfahrungen.

Sowohl meine Erfahrungen, Erkenntnisse, Erlebnisse als auch mein angelesenes Wissen möchte ich in und mit diesem Buch nun weitergeben nach dem Motto:

Der Schüler lernt, um später zu lehren …

Lebensenergie ist unser Treibstoff. Sie ist unsere Lebenskraft und Lebensfreude.
Sie ist die Energie, die uns gesund macht und gesund erhält.
Wir sehnen uns nach dieser Energie, die uns mit Leichtigkeit, Gesundheit, Ausgeglichenheit, Glück und Freude erfüllt.

Leider bleibt es oft nur bei der Sehnsucht, denn unsere Lebensenergie wird allzu oft vom Alltag aufgefressen: von Zwängen, in die wir uns (oft freiwillig) begeben, von verbissenem Ehrgeiz, von in Wahrheit unbegründeten Ängsten und von permanent fordernden Menschen und unglücklichen Beziehungen. Dies sind alles Energiefresser, die wir weder zulassen müssen, noch dürfen.

Am allerwichtigsten ist zweifelsfrei, die Kraft der Liebe, Selbstliebe und Selbstachtung zu erfahren. Sie aktiviert wie keine andere Kraft unsere Lebensenergie und beseitigt alle Disharmonien und Unausgewogenheiten zwischen Körper, Geist und Seele.
Wenn alle drei Ebenen in Harmonie und in sich heil sind, wird auch der Energiefluss durch unseren Körper ausgeglichen und koordiniert sein. In diesem Zustand erleben wir vollkommene Gesundheit, Glück, Liebe und Freude.

Unter der Vorherrschaft der Liebe und Selbstliebe kommen Integration, Gesundheit und Harmonie zum Tragen, Lebensenergie und Lebensfreude kann ungehindert fließen.
Herrschen jedoch Hass und negative Gefühle vor, breiten sich Zerfall, Chaos, Disharmonie und Krankheit aus.

Die beste Möglichkeit, den Weg zur Lebensenergie und Lebensfreude zu erschließen besteht darin, unser wahres Selbst, unser inneres Licht zu entdecken.
Wenn wir unsere wahren Wünsche, Bedürfnisse und Sehnsüchte sehen und erkennen, wenn wir uns selbst genug achten und lieben, um sie uns

zu erfüllen, und wenn wir unser Wissen über Körper, Geist und Seele anwenden, dann können wir uns auch selbst heilen.

Befreie dich von deinen Ängsten.
Kläre deine Gedanken.
Reinige Körper, Geist und Seele von allem,
was deine Schritte hin zur Entdeckung deines inneren Lichtes hemmt,
und heiße Lebensenergie und Lebensfreude willkommen.

Du darfst jeden Tag die Entscheidung treffen:
ICH TUE MIR SELBST NICHT MEHR WEH

Zurück zur eigenen Identität

Grundvoraussetzung für ein authentisches Leben, für positive und liebevolle Beziehungen ist die fundamentale Einsicht, dass alle Menschen verschieden sind.

*Gemeinsamkeiten machen eine Beziehung angenehm,
interessant wird sie jedoch erst durch
die kleinen Verschiedenheiten.*

Konfuzius

Partnerschaften werden oft in Einbahnstraßen gefahren, weil wir auf klaren Vorstellungen bestehen, wie die Person, mit der wir zusammenleben, zu sein hat.

Abweichungen sind unerwünscht, und wir nehmen uns häufig das Recht heraus, gravierende Verhaltensänderungen zu fordern. Wir verlangen, dass die Menschen, mit denen wir unser Leben teilen, fühlen, denken und handeln wie wir selbst.

Wir weisen sie zurecht, wenn sie eigentlich Verständnis bräuchten. Wir versuchen, an ihnen herumzubessern, obgleich sie tatsächlich das Gefühl von Akzeptanz, der Wertschätzung und des Vertrauens nötig hätten.

Wir glauben zu wissen, was gut für sie ist, und entmündigen sie, indem wir die Verantwortung für ihr Leben übernehmen.

Oft ignorieren wir Bedürfnisse und Wünsche des Partners, indem wir Termine und Verabredungen vereinbaren, ohne mit ihm vorher darüber gesprochen zu haben.

Oder wir verplanen einfach freie Abende oder die Wochenenden mit Aktivitäten, ohne Rücksicht darauf zu nehmen, dass der andere vielleicht einfach nur einmal Zeit für sich haben möchte.

Zeit für einen Spaziergang, ein Buch zu lesen, seine Lieblingsmusik zu hören, einmal nichts tun zu müssen …

Andererseits werden eigene Bedürfnisse oder Wünsche aber auch oft ignoriert, verdrängt – häufig auch gar nicht mehr gespürt, weil man sich selbst nicht mehr spürt, nicht mehr richtig wahrnimmt.

Wir leben ein fremdbestimmtes Leben. Das heißt, wir leben unser Leben nicht mehr selbst – wir werden gelebt.

Diese Art von Fremdbestimmung raubt uns jedoch Energie und Substanz. Fremdbestimmung hat sehr viel mit fehlender Selbstliebe zu tun. Wer lernt, sich selbst zu lieben, wird eher die eigenen Wünsche spüren und diesen auch nachgeben.

Liebe –
ein Wort mit sehr vielen Bedeutungen und Ausdruck zahlreicher, unterschiedlichster Emotionen

Indem wir uns anmaßen, über Raum und Zeit eines anderen Menschen zu herrschen, ignorieren wir dessen Identität. Der Respekt vor der Welt des anderen geht verloren.

All diese Verhaltensweisen erfolgen selbstverständlich unter dem Deckmantel der Liebe.

Was aber verstehen wir unter Liebe? Verstehen wir darunter, einen Menschen nur dann zu lieben, zu respektieren und zu akzeptieren, wenn er unsere Erwartungen erfüllt?

Heißt Lieben, einen Menschen dahingehend zu ändern und zu formen, wie wir ihn uns wünschen, anstatt ihn so zu lassen, wie er ist und sein möchte?

Bedeutet Liebe Zuneigung zu einem anderen, weil er im Tun, Denken und Handeln genau unseren Erwartungen entspricht?

Dies ist bestimmt keine Liebe. Wirkliche Liebe ist nämlich bedingungslos. Sie fordert nicht, sondern bestärkt. Sie kritisiert und belehrt nicht, sondern drückt Achtung und Wertschätzung aus. Ein Mensch, der bedingungslos liebt, setzt weder seiner eigenen Freiheit Grenzen noch der eines anderen Menschen.

Bedingungslose Liebe will nicht besitzen, sondern glücklich machen.

Wahre Liebe kommt aus der Essenz und hat nichts mit einem äußeren Erscheinungsbild oder bestimmten Verhaltensmustern zu tun. Bedingungslose Liebe beklagt sich nicht, sie wertet und beschuldigt nicht.

Bedingungslose Liebe nimmt den anderen so an, wie er oder sie ist.

Jeder Mensch verdient es, auf diese Weise geliebt zu werden.

Nur wenn man Angst hat, nicht geliebt und angenommen zu werden, wie man ist, ist man bereit, sich mit einer Form von Liebe zufrieden zu geben, die an Bedingungen geknüpft ist.

Durch mangelndes Selbstwertgefühl sowie mangelnder Selbstliebe glauben wir manchmal auch, dass die einzige Möglichkeit, die Liebe zu bekommen, nach der wir uns sehnen, darin besteht, die ständige Kritik, Kontrolle, Denunziation, das oftmals ablehnende und zurückweisende Verhalten des anderen in Kauf nehmen zu müssen.

Wenn wir eine Liebe akzeptieren, die an Bedingungen geknüpft ist, erniedrigen wir uns selbst.

Wenn wir in einer an Bedingungen und Forderungen geknüpften Beziehung bleiben, nur weil wir unsicher sind und glauben, sie aufrechterhalten zu müssen, wird unser Dasein ein Leben in stiller Verzweiflung sein.

Lernen wir aber uns selbst zu lieben, gut für uns zu sorgen, liebevoll mit uns selbst umzugehen, uns selbst zu achten, uns selbst für wertvoll und liebenswert zu halten, erfüllen wir wesentliche Voraussetzungen, um nicht mehr weniger zu akzeptieren, als wir uns wünschen und was wir verdienen.

Dann lassen wir nicht mehr zu, dass andere Entscheidungen für uns treffen, dass andere unser Leben leben oder darüber bestimmen.

Indem wir uns selbst als wahr annehmen, wenn wir das Bewusstsein erlangen, »ich bin okay, wie ich bin«, können wir plötzlich erkennen, dass Menschen, die ständig etwas an uns auszusetzen oder herumzubessern haben, in Wahrheit selbst unsicher und nicht in der Lage sind, ihren Gefühlen und dem Prozess des Lebens zu vertrauen bzw. sich selbst zu trauen.

Sie können sich nicht bedingungslos auf das Anderssein des anderen einlassen, weil sie sich nicht einmal auf sich selbst einlassen können.

Wenn wir dieses Spiel erkannt und durchschaut haben, werden wir aufwachen und sagen: »Es reicht! Endlich hab ich es begriffen. Was immer ich auch tue, wie immer ich mich auch verhalte – in deinen Augen werde ich niemals in Ordnung sein. Ich spiele dieses Spiel nicht mehr länger mit!«

Um unsere eigene Wahrheit und Wertigkeit jedoch zu erkennen, um die Kraft zu haben, ein Spielfeld zu verlassen, weil der Platz oder Stellenwert, der uns in diesem Spiel zugedacht wurde, nicht oder nicht mehr unserer eigenen Identität entspricht, müssen wir den Lernprozess der Bewusstseinserhöhung durchlaufen.

Erst dann werden wir in der Lage sein, die Spielfigur – uns selbst – aus dem Spielfeld zu nehmen, aus dem Spiel auszusteigen.

Bewusstseinserhöhung ist spirituelles, das heißt geistiges Wachstum.

Spiritualität ist kein sinnloses oder gar gefährliches Herumirren in höheren Sphären, sofern es im richtigen Rahmen und Ausmaß praktiziert wird. Spiritualität heißt nicht, den Bezug zur Realität zu verlieren, oder aus der Realität zu flüchten.

Vielmehr handelt es sich um einen inneren Reifeprozess, einen geistigen Wachstumsprozess mit Bewusstseinserweiterung.

Durch Spiritualität, im richtigen Rahmen und Ausmaß praktiziert, können wir das Bewusstsein erlangen, dass wir so, wie wir sind, völlig in Ordnung sind. Wir erkennen plötzlich die eigene Wertigkeit und wissen, dass wir weder verändert noch in Ordnung gebracht, nicht umerzogen, manipuliert, korrigiert oder weiter fremdbestimmt werden müssen.

Wir glauben oder hoffen nicht länger, sondern wissen, dass wir völlig in Ordnung sind.

Spirituell zu sein heißt auch, niemanden zu be- oder verurteilen. Es bedeutet, nicht nur mit den Augen, sondern auch mit dem Herzen zu sehen.

Wer mit dem Herzen sieht, sieht das Schöne in allem.

Jeder Mensch ist spirituell, kann geistig wachsen, aber nicht jeder nimmt sich Zeit, um Spiritualität zu erfahren.

Viele Menschen verlieren sich im Drama ihres Lebens. Sie nehmen sich keine Zeit, um einen Sonnenuntergang zu beobachten, sich von der Leichtigkeit eines Schmetterlings berühren und verzaubern zu lassen, die Farbenpracht der Natur zu bestaunen, das gleichmäßige Plätschern eines Baches bewusst wahrzunehmen, den Wind zu fühlen, einen Wasserfall zu bewundern, sich am Sternenhimmel zu erfreuen u. v. m.

Ihnen entgeht Freude, Frieden und Schönheit. Würden sie nur einen Moment innehalten, tief durchatmen und sich umschauen, könnten sie erkennen, was sie verpassen.

Alles, was den Geist zur Ruhe bringt und das Herz erfreut, ist eine spirituelle Erfahrung.

*Ich wünsche dir Zeit,
dich zwischendurch immer wieder einmal in
Gedanken versunken einfach nur treiben
zu lassen.
Ich wünsche dir Zeit,
dich ab und zu dem Lärm der Welt zu verschließen
und nach innen zu schauen, um deinen eigenen
Lebensrhythmus zu spüren.
Denn aus der Stille erwächst dir immer wieder neue Kraft,
in der Stille belebst du deinen Geist.*

Brigitte Beck

Pausen schaffen einen Rhythmus, der den Blick für das Wesentliche und Neue schafft.

Je öfter wir uns darauf einlassen, unseren Geist zur Ruhe zu bringen, indem wir in die Stille gehen, umso mehr beginnen wir, uns selbst wieder zu spüren, eigene Bedürfnisse wahrzunehmen. Aber genau davor haben wir Angst. Wir haben Angst davor, plötzlich die leise Stimme unseres ICH BIN zu vernehmen.

Durch die Erhöhung des Bewusstseins und der damit einhergehenden Erkenntnis, dass man völlig in Ordnung ist, so wie man ist, werden Selbstvertrauen, Selbstliebe und Selbstachtung liebevoll genährt.

Der drängende Wunsch, sich von einer bedeutungslosen Identität loszulösen, um zur eigenen zurückzukehren, erwacht.

Bewusstwerden heißt aufwachen.

Aufwachen aus unserer Lethargie. Anfangs nur zaghaft, in ganz kleinen Schritten – immer wieder zurückfallend in einen Dämmerschlaf aus Angst vor Veränderung, aus Angst vor der eigenen Aufbruchstimmung.

Wenn erste Versuche, neue Wege zu gehen, gescheitert sind, weil sich Hoffnungsschimmer als Illusionen erweisen, unterliegen wir schnell der Versuchung, in alte, vertraute Denk- und Verhaltensweisen zurückzukehren. Wir beschließen, weiter in eine längst verlorene Sache zu investieren, anstatt eine Entscheidung im Hinblick auf zukünftige Ergebnisse zu treffen.

Manchmal, mitten in der Nacht, stellt man sich dann die verzweifelte Frage: »Soll ich wirklich einfach aufgeben, mich der Masse anpassen und wieder ein Antidepressiva schlucken?«

Doch noch während man sich diese verzweifelte Frage stellt, kennt man selbst die Antwort und weiß, dass auch der gewohnte Weg nicht mehr zum Ziel führt.

Was übrig bleibt, ist Leere. Grenzenlose Leere.

Aber nur vorübergehend. Denn je bewusster uns unsere Lebenslügen und zahlreichen Situationen werden, in denen wir uns selbst verleugnen, umso mehr Hoffnung schenkt uns sinngemäß das Evangelium Johannes´:

… hab Vertrauen zum Unbekannten. Versuche das scheinbar Sinnlose und Unmögliche, wirf deine Netze erneut aus. Ein reicher Fischfang ist das Ergebnis …

Wir dürfen und müssen dem Ruf unseres Herzens folgen. Wir dürfen nicht gleich aufgeben, nicht bei den ersten Schwierigkeiten kapitulieren, sondern müssen an uns und unseren Weg glauben. Wir müssen Vertrauen haben.

Natürlich ist es nicht einfach, durch den tosenden Sturm der Veränderung und Entwicklung zu gehen.

Aber wenn man Vertrauen hat, an sich glaubt, sich dem Drängen der Seele, sich selbst zu entdecken, hingibt, werden aus den peitschenden Wogen alsbald sanfte Wellen, die uns behutsam und liebevoll an unser Ziel tragen.

**Dies ist DEIN Leben, nicht das eines anderen.
Fasse Mut, deine Wahrheit zu entdecken
und der Welt in die Augen zu blicken.**

Wir sind eigenständige Menschen und niemand kennt uns besser als wir selbst. Wir sind die einzigen Personen, die bestimmte Entscheidungen treffen und sie als für uns richtig beurteilen können, indem wir auf unsere innere Stimme hören.

Wir müssen uns von unseren zerstörerischen Selbstzweifeln befreien und anfangen, unser Leben in Authentizität zu leben.

Gedankenhygiene

Mein Aufwachprozess, geistiger Reifeprozess oder spiritueller Weg – wie immer man es nennen mag – begann vor mehr als zehn Jahren.
Durch Zufall – den es natürlich nicht gibt – fiel mir eine Lektüre von Louise L. Hay in die Hände.

HEILE DEINEN KÖRPER: seelisch-geistige Gründe für körperliche Krankheiten

Diese Lektüre erreichte mich genau zum richtigen Zeitpunkt. Sie ist mir ›zugefallen‹, als es mir sowohl physisch als auch psychisch sehr schlecht ging.

Krankheit ist ein Symptom verirrten Lebens.
Sie drosselt das Tempo falscher Bewegungen, denn verlangsamtes
Leben findet den Weg zu sich zurück.
Der Körper verweigert sich weiterer Oberflächlichkeit und
zwingt das Leben in die Tiefe.

Hans Kruppa

Ein akuter Bandscheibenvorfall, begleitet von qualvollen Schmerzen und Lähmungserscheinungen an beiden Beinen, zwang mich im wahrsten Sinne des Wortes in die Knie, machte mich bewegungsunfähig. Auf diese Weise wurde ich vom Schicksal regelrecht gezwungen, mir endlich die nötige Zeit zu nehmen, um mein Leben zu durchleuchten. Ich konnte nicht mehr länger die Augen vor der Wahrheit verschließen, geschweige denn davonlaufen.

Der wahrscheinliche Grund für den Bandscheibenvorfall, so stand in diesem Buch beschrieben: Sie fühlen sich vom Leben im Stich gelassen …
Ich hatte meinen Bandscheibenvorfall im unteren Bereich der Lendenwirbelsäule – und dazu stand noch ausführlicher:

Unsicherheit, Schwierigkeiten der Kommunikation, Wut …

Damals habe ich begonnen, mich mit den Zusammenhängen zwischen körperlichen Beschwerden bzw. Krankheiten und der Psyche intensiver zu befassen. Mir wurde bewusst, dass der Ursprung aller körperlichen und seelischen Probleme die emotionale Haltung ist.

Wenn sie positiv ist und uns keine unsere Lebensenergie aufzehrenden Einstellungen oder negative Gedanken hemmen, sind und bleiben wir gesund.

Im Laufe der nächsten Jahre habe ich immer wieder, wenn ein gesundheitliches Problem aufgetreten ist, in dieser Lektüre nachgeschlagen.

Nachstehend einige Krankheiten / Beschwerden / Symptome, mit denen ich in der Vergangenheit konfrontiert wurde. Jeder in Louise L. Hays Lektüre angeführte wahrscheinliche Grund bzw. wahrscheinliche Glaubenssatz traf auf mich zu:

Problem bzw. Krankheit	wahrscheinlicher Grund bzw. Glaubenssatz
Lungenentzündung	Verzweifelt, lebensmüde, emotionale Wunden dürfen nicht heilen.
Asthma	Erstickende Liebe. Unfähigkeit, für sich selbst zu atmen. Fühlt sich erdrückt, unterdrücktes Weinen.
Bronchitis	Entzündete familiäre Umgebung. Streiten und schreien, manchmal auch schweigen.
Herpes simplex	Brennt darauf, zu meckern. Bittere Worte, die unausgesprochen bleiben.
Myome, Zysten	Pflegen einer Verletzung durch den Partner. Ein Schlag gegen das weibliche Ego.

Herzprobleme	Lange bestehende emotionale Probleme, Mangel an Freude, Verhärtung des Herzens. Fühlt sich einsam und erschreckt. Ich bin nicht gut genug. Ich tue nicht genug. Ich werde es nie schaffen.
Hautprobleme	Furchtsamkeit, Angst. Alter, vergrabener Mist. Ich werde bedroht.
Halsschmerzen	hält Zornesworte zurück. Fühlt sich unfähig, sein Selbst zu äußern. Erstickte Kreativität.
Leberprobleme	Chronische Beschwerden. Rechtfertigt das Suchen von Fehlern, um sich selbst zu täuschen. Fühlt sich schlecht.
Hämorrhoiden	Angst vor dem Tödlichen. Wut auf Vergangenheit. Furcht, loszulassen. Fühlt sich belastet.
Schilddrüse	Demütigung. Ich bekomme nie das zu tun, was ich tun will. Wann komme ich endlich an die Reihe?
Magenprobleme	Angst. Starker Glaube, du seiest nicht gut genug. Was nagt an dir?

Dauerschmerz	Sehnsucht nach Liebe und Halt.
Depression	Wut, die zu spüren du kein Recht zu haben glaubst, Hoffnungslosigkeit.

Ebenso beschreibt sie, dass Bücher an sich, egal welche, natürlich nicht heilen.

Sehr wohl aber können sie die Fähigkeit in einem erwecken, selbst zum Heilungsprozess beizutragen, wenn wir erst einmal erkannt haben, dass es unsere falschen oder destruktiven Gedankenmuster sind, die uns bzw. unseren Körper krank werden lassen.

Was glauben wir im Hinblick auf unsere eigene Person? Wovon sind wir überzeugt? Welche Meinung über uns selbst haben wir verinnerlicht? Wie denken wir über uns selbst? Wie sehen wir uns selbst? Wie behandeln wir uns selbst?

Krankheitssymptome sind immer nur eine Wirkung im Äußeren. Wir müssen nach innen gehen, um die mentalen Ursachen aufzulösen. Tabletten und Therapien allein können nichts ausrichten. Sie bekämpfen nur die äußere Auswirkung. Es ist, als würde man das Unkraut nur abschneiden anstatt es mit der Wurzel auszureißen.

Unsere Gedankenmuster und Glaubenssätze, die mehr als alles andere Ursachen für Krankheiten sind, müssen wir verändern.

Die Bewusstheit, die Einsicht, warum bestimmte körperliche Gebrechen oder Krankheiten auftauchen, und die Erkenntnis, dass man selbst dafür verantwortlich ist und auch nur selbst dagegen steuern kann, kann große Veränderung in das Leben bringen.

Es ist höchste Zeit damit aufzuhören, dem Leben oder anderen Personen Vorwürfe zu machen, wenn etwas falsch lief oder man sich nicht wohl oder krank fühlt.

Wir dürfen endlich aufwachen und die volle Verantwortung für uns selbst übernehmen.

Dabei ist es völlig unwichtig, wie lange wir schon falsche Glaubenssätze haben oder eine Krankheit oder eine unbefriedigende Lebenssituation – wir dürfen heute beginnen, das zu ändern.

Niemand braucht Gefangener seiner Vergangenheit zu sein.

Loslassen alter Erfahrungen und kontinuierlicher Aufbau seiner inneren Sicherheit sowie Aufbau seines Selbstbewusstseins sind die Basis für ein Leben in Liebe, Frieden und Harmonie.

Aus diesem Grund ist es auch ungeheuer wichtig, seine Gedanken zu disziplinieren, denn Gedanken sind Aktionen von schöpferischer Kraft. Jeder Gedanke erschafft. Was er erschafft, liegt an uns selbst. Der Mensch erntet immer nur die Früchte seiner Saat, und die einzige Saat sind die Gedanken.

Sie sind die Farbpalette, die wir uns auswählen, um damit die Leinwand unseres Lebens zu bemalen.

Wir dürfen negative Gedanken und Überzeugungen über uns und unser Leben sowie über uns nahe stehende und nicht nahe stehende Personen oder unangenehme Situationen und Erfahrungen loslassen und sie durch positive, liebevolle Gedanken ersetzen – JETZT – in DIESEM Augenblick.

Der kleinste Anfang bringt schon Veränderung.

Sei dir bewusst über die Macht der Gedanken.
Einmal ausgesandt manifestieren sie sich,
finden Resonanz – dehnen sich aus und
kommen unweigerlich zu dir zurück.
Gedanken sind wie Samenkörner, die auf
fruchtbaren Boden fallen, wurzeln, wachsen und neue
Blüten hervorbringen.

Brigitte Beck

Krankheit als Ausdruck eines nicht geheilten Seelenschmerzes

Seit Jahrtausenden weiß man, dass die Ursachen aller Erkrankungen im Geistigen verankert sind. Krankheit hat immer einen Sinn, sie macht uns aufmerksam auf Fehlverhalten in unserer Lebensweise oder/und auf einen falschen Umgang mit Emotionen.

Durch Erziehung und/oder Gesellschaft geprägt haben wir häufig Denkmuster und Glaubenssätze verinnerlicht, die keineswegs unserem wahren Selbst entsprechen.

Die Geisteshaltung, das Weltbild, Gedankenstrukturen, Meinungen und Vorurteile unseres persönlichen Umfeldes behindern oft unsere volle Ausdrucksmöglichkeit unseres Selbst und unsere Fähigkeiten.

Massive Selbstverleugnung aber – in welchen Bereichen auch immer – lässt im Laufe der Jahre unsere Seele krank werden. Diese wiederum verleiht ihrem Schmerz Ausdruck über den Körper, indem sie ihn krank werden lässt.

Wenn du das Gefühl hast, dass dein Leben einem zu hohen Maß an Fremdbestimmung unterworfen ist, dann räuspere dich. Erhebe deine Stimme!!

Du darfst dein Wissen und deine Erkenntnis
sowie deine Fähigkeiten nicht verkümmern lassen.
Du darfst weitergehen und weitermachen,
wohin deine Seele dich drängt.
Frage nicht lange nach dem WIE – geh deinen Weg
in Liebe und Zuversicht.
Die Glut des Wissens, deiner Weisheit
liegt unter der Asche deiner Ängste.
Du kannst sie neu entfachen – ja –, genau dazu bist du hier.

Ezechiel

Die Aufgabe eines jeden Menschen ist es, sich selbst zu finden, sich selbst zu leben, sich selbst zu lieben und das innere Licht zum Leuchten zu bringen.

Vertraue deiner inneren Stimme, diesen leisen Tönen und Zwischentönen, die vom Leben erzählen. Lass dich nicht niederdrücken von Kräften und Mächten, die etwas anderes wollen als dein Leben und deine Lebendigkeit. Traue dich zu leben und traue dem Leben.

Mit jedem Nein zu dir selbst, mit jedem Nein zu deinen Gefühlen distanzierst du dich von deiner Seele, von dir selbst.

Deine Aufgabe / Verantwortung ist es, ganz und gar authentisch du selbst zu sein.

Diese Verantwortung kannst du nicht abgeben. Im Gegenteil – du darfst lernen, in die eigene Verantwortung zu gehen. Dies trifft ganz besonders auf Krankheiten zu. Du kannst die Verantwortung für deinen Körper nicht an einen Arzt abgeben.

Der Arzt kann dich nur unterstützen, Symptome behandeln – aber heilen kannst du dich nur selbst. Heilung liegt in deiner Entscheidungsfreiheit, in deiner Verantwortung – denn es ist deine Seele, die krank ist.

Und deine Seele kann nur ein einziger Mensch auf der Welt heilen – DU selbst.

Kein Arzt und kein Heilpraktiker können dir helfen, solange du nicht bereit bist, selbst zu deinem Heilungsprozess aktiv beizutragen.

Jeder Schmerz, jede Krankheit hat eine Botschaft für dich. Sie sagen dir, wo und auf welche Weise du dir selbst untreu geworden bist. Diese Botschaften sind sehr wichtig.

Solange du dir deiner Selbstverletzung noch nicht bewusst bist, kannst du die Reise zu deiner Heilung nicht antreten.

Schmerzen und Krankheiten sind keine Strafe. Sie fordern dich lediglich auf, dir über dich selbst Klarheit zu verschaffen und dir deiner versteckten Leiden bewusst zu werden.

Probleme, Schmerzen und Krankheiten sind keine willkürlichen Schicksalsschläge, sondern intelligente Möglichkeiten zu lernen und bessere Wege zu finden.

Um die Stimme deiner Seele zu hören, deine Gefühle wieder wahrzunehmen, um dich selbst wieder zu spüren, nimm dir Zeit nur für dich ganz allein. Gehe für einige Stunden oder Tage fort aus der Last des Alltags.

*Es hat nichts mit Egoismus zu tun, wenn man sich
den nötigen Freiraum verschafft, um mit seinen Gedanken
lautlos einzutauchen und hinabzugleiten in die
unendliche Tiefe der Seele, um sich selbst zu spüren.
Um daraus Kraft zu schöpfen und gestärkt, in Harmonie und
Einklang mit Körper, Geist und Seele wieder an der Oberfläche
des Alltags aufzutauchen.*

Brigitte Beck

Tue dir selbst etwas Gutes. Schenke dir Zeit und Liebe.

Wir alle tragen sehr viel Liebe in uns, doch viel zu selten setzen wir sie für uns selbst ein.

Beginne damit, die Liebe, die du anderen Menschen zukommen lässt, auch einmal für dich selbst zu nutzen. Lerne dich selbst zu lieben und zu dir selbst zu stehen.

Wir verstehen es perfekt, unsere Gefühle zu verbergen, am besten vor uns selbst. Mit diesem Verhalten distanzieren wir uns so sehr vom wahren Wirken und Wollen unserer Seele und erkennen nicht, dass sie weint.

Jahre, oft Jahrzehnte lassen wir uns in eine Schublade stecken, in der man uns auf bestimmte Hauptmerkmale reduziert sieht – und nicht so komplex und facettenreich, wie wir wirklich sind.

Wenn eine Krankheit auftritt, egal in welcher Form, ist mit Sicherheit die Seele lange vorher schon mehr oder weniger schwer krank, hat mehr oder weniger lange schon geweint.

Da die Seele aber nicht Materie ist und daher für das Auge nicht sichtbar, kann sie nur durch den Körper ihren Schmerz, ihre Wunden ausdrücken und mitteilen, indem sie den Körper krank werden lässt. Über körperliche Schmerzen ruft die Seele um Hilfe. Sie macht sich über den Umweg körperlicher Beschwerden ›Luft‹.

Der erste wichtige Schritt zur Heilung ist die Erkenntnis, dass du wertvoll, wichtig und vollkommen bist – ein Gedanke Gottes.

Du hast es nur vergessen, weil andere dich formen und verändern wollten und vielleicht immer noch wollen.

Zu wahren Weltmeistern haben wir uns entwickelt,
wenn es um die Kunst geht, sich selbst zu verleugnen.
Längst schon wissen wir nicht mehr, wer wir in Wahrheit sind.
Um dem Klischee der Gesellschaft zu entsprechen,
ins System zu passen, haben wir unsere Identität aufgegeben.
Ein Blick in den Spiegel zeigt nicht mehr unser ICH.
Vielmehr stehen wir häufig einem Abklatsch jener Menschen
gegenüber, die uns manipuliert und programmiert haben,
um aus uns ein herzeigbares Ebenbild ihrer selbst zu schaffen –
einem Produkt der Gesellschaft.

Brigitte Beck

Am Tempel des Apoll in Delphi war in der Antike deutlich und für alle sichtbar ein kurzer und markanter Spruch zu lesen: »Gnothi Seauton« – »Erkenne dich selbst«.

Selbstkenntnis gilt als Eckpfeiler der Weisheit.

Du wirst dich glücklich fühlen, wenn du ganz und gar authentisch du selbst bist.
  Nimm dich an mit all deinen kleinen Fehlern und Schwächen und erkenne vor allem deine Stärken.
  Baue auf deine Stärken auf und konzentriere dich nicht länger auf all die kleinen Dinge, die du vermeintlich nicht meisterst.
  Stelle der Welt, deinem Leben deine eigenen Fragen. Denn in deinen Fragen liegt deine Antwort.
  Dein Herz und deine Seele wissen lange schon, welchen Weg sie beschreiten wollen, haben sich aber im Alltag verloren.
  Du spürst, dass dir etwas Entscheidendes im Leben fehlt, dass du weitergehen willst.
  Nur fehlt dir im Augenblick vielleicht die Perspektive, wo und wie du beginnen kannst.
  Zahlreiche unselige Bindungen sowie vermeintliche Verpflichtungen

nehmen uns oft den Mut, die Lust und die Kraft, aufzubrechen und unserer Berufung zu folgen, das zu tun, wohin es uns drängt.

Hinderlich sind oft unsere früh erlittenen Wunden, unsere Ängste, Unsicherheiten, unsere vermeintlichen Unfähigkeiten – alles, was unsere Schritte hemmt.
Lass dich nicht aufhalten auf dem Weg zum Leben, nicht von deinen Bindungen, die dich nicht loslassen wollen oder die du nicht loslassen willst.
Stelle dich deinen Zweifeln, Ängsten und Konflikten.
Nimm das Steuerrad deines Lebens selbst in die Hand und stelle dich der vorübergehenden Dunkelheit, die dich möglicherweise durch Verspottung und Anfeindung aus deinem Umfeld umhüllt.
Wage den Schritt mitten hinein in diesen Sturm der Gefühle im Vertrauen darauf, dass sich der nächste Schritt, den du tun kannst, oft erst zeigt, wenn du den ersten Schritt in die Dunkelheit gewagt hast.
Folge dem Ruf deines Herzens, folge dem Weg zum Leben.

*Wenn sich ein Herzenswunsch aus den Tiefen der Seele emporschwingt, ist es an der Zeit aufzuwachen ...
Aufzuwachen aus unserer selbst auferlegten Lethargie, um unser Steuerrad so zu betätigen, wie es gedacht ist. Nämlich als Vorrichtung, um die gewünschte Richtung gezielt anzusteuern.
Viele von uns lassen jedoch zu, dass andere ihr Lenkrad bedienen und damit bestimmen, wohin der Weg führen soll.
Kein Mensch aber hat das Recht, einem anderen die Richtung vorzuschreiben oder ihn dahingehend zu beeinflussen, diese zu verändern.*

*Aufwachen bedeutet manchmal Angst und Unsicherheit.
Denn plötzlich stehen wir an einer Weggabelung:
– Die eine Strecke führt zu uns selbst.
– Die andere hingegen in viele weitere Erwartungshaltungen anderer.
Folge dem Ruf deines Herzens und vergeude deine kostbare Zeit nicht länger damit, deine Herzenswünsche und deine Sehnsüchte wie einen schönen Traum im Herzen aufzubewahren.
Lass den Traum in Erfüllung gehen, um Erkenntnisse zu gewinnen, die von ewiger Bedeutung für deine Seele sind.*

Brigitte Beck

Auf dem Weg zu deiner wahren Identität, zu deinem wahren Selbst kann dich Reiki wunderbar begleiten.

Reiki holt dich dort ab, wo du im Leben gerade stehst – hilft dir wahrzunehmen, wohin deine Seele dich drängt.

Reiki öffnet dein Herz. Reiki hilft dir, die Stimme deines Herzens, deiner Seele zu hören.

Reiki ist bedingungslose Liebe, Selbstliebe und die Erfahrung des ICH BIN.

Berührung mit universeller Lebensenergie

*Wenn du meinst, dein Leben sei zu
einer Art Hindernislauf geworden,
verliere dennoch nicht den Glauben.
Und wenn alle Türen sich zu schließen scheinen,
so wird sich bald eine neue Tür weit auftun.
Sie ist der Durchgang zu einer bisher
unbekannten Dimension des Lebens.*

Melody Beattie

Reiki – Universelle Lebensenergie

Der Begriff Reiki kommt aus dem Japanischen und ist die Bezeichnung für universelle Lebensenergie und Geisteskraft.

Reiki ist weder eine Religion noch ein Kult. Auch kein abgehobener, esoterischer Auswuchs. Vielmehr handelt es sich dabei um eine alte, natürliche Heilmethode, die durch die universelle Lebensenergie, oft auch als universelle Lichtkraft bezeichnet, die Selbstheilungskräfte des Körpers anregt und im 19. Jahrhundert von Dr. Mikao Usui, einem christlichen Mönch aus Japan, wiederentdeckt wurde.

Diese natürliche Art der Heilung ist in vielen Kulturen bekannt und kennt auch viele Ausdrucksformen.

Parallelen sind im christlichen Heiligen Geist, im hinduistischen Prana, im ägyptischen Ka, im kabbalistischen Jesod, in der Heilkraft der Natur bei Hippokrates usw. zu finden.

Berührung und Heilung sind zwei Aspekte einer Einheit. Das Handauflegen ist eine der natürlichsten Sachen der Welt, ist so alt wie die Menschheit selbst. Jeder Mensch auf unserem Planeten fasst sich automatisch an den Kopf, wenn er sich gestoßen hat. Instinktiv legen wir die Hände uns oder unseren Kindern dort auf, wo sich ein Schmerz manifestiert hat. Instinktiv versorgen wir damit die Wunde oder die schmerzende Stelle mit heilender Energie, ohne großartig darüber nachzudenken, ohne uns dessen überhaupt bewusst zu sein.

Wir alle wurden bereits bei unserer Geburt mit dieser universellen Lebensenergie ausgestattet. Durch die rasante, schnelllebige Zeit, dadurch, dass wir uns permanent auf der Überholspur unseres Lebens befinden, ist uns aber nicht nur die Fähigkeit, ausreichend Energie aufzunehmen oder sie im Bedarfsfall abzugeben, verloren gegangen, sondern auch das Wissen über unser natürliches Potential.

Die Quelle namens Universum ist gefüllt mit unerschöpflicher Energie. Mit jener Energie, die alles am Leben erhält und für die der Reiki-Gebende Kanal ist, um sie kraftvoll und konzentriert durch seine Hände abzugeben.

Ich wurde schon oft gefragt, ob das Handauflegen oder Energieschicken (indem man Raum und Zeit überschreitet) nicht eigene Energie oder Kraft kostet.

Aus eigener Erfahrung kann ich definitiv ein klares Nein dazu aussprechen. Der Reiki-Gebende gibt keine Energie ab, sondern stellt sich nur als Kanal zur Verfügung.

Dennoch sollte man nicht verabsäumen, sich stets gut zu erden, zu schützen. Dies hängt aber damit zusammen, dass man als ›Lichtarbeiter‹ sehr offen, sensibel, hellfühlig, durchlässig ist und daher alle energetischen Schwingungen sehr stark wahrnimmt. Sowohl positive als auch negative.

Um etwaige negative Schwingungen oder Probleme, welcher Art auch immer, nicht in sich selbst eindringen zu lassen, sie nicht als eigene zu spüren, ist es sehr wohl wichtig bzw. ratsam, sich zu schützen, sich gut abzugrenzen und zu erden, um nicht zur wandelnden Zielscheibe für unsichtbare (dunkle) Wesen oder negative Energien zu werden.

Aber eigene Kraft kostet Energiearbeit keineswegs. Warum das so ist, erklärt das Gedicht von Hedwig Bernadies Böckermann meiner Meinung nach sehr deutlich. Daher möchte ich es hier auch wiedergeben:

> *Der alte Brunnen spendet leise*
> *sein Wasser täglich gleicherweise.*
> *Ich möchte diesem Brunnen gleichen,*
> *was in mir ist, stets weiterreichen.*
> *Doch geben, geben – alle Tage,*
> *sag, Brunnen, wird das nicht zur Plage?*
> *Da sagt er mir als Jochgeselle:*
> *»Ich bin ja Brunnen nur – und nicht die Quelle!*
> *Mir fließt es zu – ich geb es weiter,*
> *das macht mein Dasein froh und heiter.«*
> *So leb ich nach des Brunnens Weise,*
> *schöpf täglich Kraft zur Lebensreise*
> *und will – beglückt – stets weitergeben,*
> *was mir die Quelle schenkt zum Leben.*

Wie Energiearbeit wirkt, kann man nicht genau beschreiben.

Reiki ist eine ganzheitliche Methode. Indem die universelle Energie Körper, Geist und Seele (Emotionen) harmonisiert, findet eine ganzheitliche Heilung statt.

Während die Schulmedizin ausschließlich die körperlichen Symptome behandelt, findet Reiki die psychischen Ursachen und gleicht die benötigten Schwingungen aus beziehungsweise füllt diese mit Energie auf.

Reiki ist demnach kein Heilsystem im schulmedizinischen Sinn, steht aber auch nicht im Widerspruch dazu.

Reiki ersetzt auch nicht den Weg zum Arzt. Vielmehr denke ich, dass sich beides wunderbar miteinander verbinden, kombinieren lässt. Beide Systeme zusammen können sich hervorragend ergänzen.

Wie bereits erwähnt, lässt sich die Wirkungsweise der universellen oder kosmischen Energie nur sehr schwer beschreiben:

> Man muss ein Stück vom Kuchen essen, um zu wissen,
> wie er schmeckt.

Damit eine anhaltende und nachhaltige Wirkung eintritt, ist vor allem die Heilung der Denkweise notwendig.
Sie ist wohl eine der wichtigsten Aufgaben von Reiki.

Viele Menschen haben auf diese Weise ihr Leben auch umgestaltet, positiv verändert. Haben Heilung erfahren.
Man hört von vielen Erfolgen – doch es liegt auch Gefahr in dieser Arbeit.
DIE Menschen, die daran zerbrochen sind und vielleicht in psychiatrischen Kliniken enden, können bedauerlicherweise keine Bücher schreiben und andere Menschen über das, was sich in ihrem Inneren abspielt, informieren.
Nicht in bzw. an der Energiearbeit (Reiki) selbst liegt jedoch die Gefahr, sondern in der verantwortungslosen Art und Weise, wie es von profithungrigen Menschen (Gurus) leider allzu oft gelehrt oder praktiziert wird.
Ich persönlich durfte Reiki dank meiner Lehrerin Renee zum Glück als heilende Berührung für Körper, Geist und Seele kennen lernen.
Auch durfte ich während der Einweihungen in die erste und zweite Reikistufe sowie bei der Meistereinweihung unbeschreibliche mentale und spirituelle Erlebnisse und Erfahrungen über die Tiefen und das Wesen des kosmischen Seins erfahren.
Dies hat auch mein Verständnis für mein bisheriges Dasein in all meinen Lebensbereichen und auch dem Wesen nach verändert. Veränderung kann und wird durch Reiki in den meisten Fällen geschehen – durch Erhöhung des Bewusstseins.

Die Arbeit mit universeller Energie stärkt das Selbstbewusstsein, man beginnt mehr auf sich selbst zu hören (die innere Stimme wieder wahrzunehmen), und man lernt auch Nein zu sagen. Ansichten ändern sich, Be- und Verurteilungen sowie Vorurteile werden immer weniger, und vieles betrachtet man mit anderen Augen.

Auch wird man immer weniger Lust haben, ungleiche Partnerschaften und Freundschaften weiterzupflegen oder aufzunehmen. Das hat seinen

Grund in der zunehmenden Hellfühligkeit des Körpers. Je mehr Licht bzw. universelle Energie man in den Körper integriert hat, umso mehr spürt man alle unharmonischen Energien im Umfeld.

Da es auch erwiesen ist, dass bei sexuellen Begegnungen die Energien des Partners in die eigene Aura eindringen und dort mit all ihren Auswirkungen verbleiben, wird man die körperliche Nähe von weniger harmonischen Menschen immer weniger häufig suchen.

An die Stelle der einstigen, möglicherweise oberflächlichen und dadurch in Wahrheit leeren Sexualität tritt der Wunsch des bedingungslosen, partnerschaftlichen Vertrauens und der körperlich-mental-seelischen Verschmelzung. Es erwacht der Wunsch, reine, offene und völlige Hingabe zu fühlen.

Durch auf dieser Basis gelebte Sexualität kann und wird man darin eine neue Reinheit und Schönheit sowie ein neues Wunder, eine neue Offenheit, eine neue Verletzlichkeit, ein neues Vertrauen, eine neue Freude, eine neue Verspieltheit, eine neue Tiefe der Liebe und der Fähigkeit, Liebe zu geben und miteinander zu teilen, entdecken.

Manche Menschen versuchen, im ausschließlich orgastisch orientierten Sexualleben Erfüllung zu finden. Aber das funktioniert nicht, weil man nach der Gipfelerfahrung des Orgasmus stets wieder auf den Boden der Realität zurückkehren muss, wo der Kontakt mit dem Partner unausweichlich ist. Wenn man den Menschen liebt, mit dem man zusammen ist, wenn Lust sich mit reiner, wahrer Liebe verbindet, wird dieser Kontakt harmonisch und friedvoll sein. Andernfalls wird man sich leer und unbehaglich fühlen.

Unausgefüllte, disharmonische oder stagnierende, oft rein materialistisch oder körperlich geprägte Partnerschaften lösen sich auf.

Mich persönlich holte Reiki an einem Punkt ab, an dem ich in einer schweren Lebenskrise steckte.

Selbstverachtung und Angst sowie selbstzerstörerische Schuldgefühle durch den Glaubenssatz, nicht gut genug für diese Welt zu sein, ließen nahezu jeden Tag zum Albtraum werden.

Ich neige im gleichen Maße dazu, mich selbst zu betrügen und zu verraten, wie ich den anderen erlaubte, mich in ebendieser Weise zu behandeln.

Ich war auf der Suche nach einem neuen Weg für meine Daseinsbestimmung, meine Daseinsberechtigung und mein weiteres Leben.

Die Tragweite meiner damaligen seelischen Verfassung wurde mir erst richtig bewusst, als ich im Rahmen der Initiation (Einweihung) in die erste Reikistufe den einfachen Satz: »Ja, ich will leben«, wiederholen sollte.

So unglaublich das heute klingen mag, ich war damals dazu nicht in der Lage. Es war mir unmöglich, diese doch so simplen Worte über meine Lippen zu bringen.

Auf Weinkrämpfe folgte Schüttelfrost, ich konnte kaum Kontakt zum Boden halten, da mein ganzer Körper bebte. Meine Reikilehrerin hüllte mich in eine warme Decke, umarmte mich, hielt mich ganz fest im Arm und half mir so, diese kritische Phase heil zu überstehen.

Und genau das ist jetzt der springende Punkt.

Hätte ich nicht Renees liebevolle und zeitlich unbegrenzte Fürsorge und Betreuung gehabt, ich wäre vermutlich an diesem Zustand zerbrochen.

Nicht an Reiki an sich, sondern am Alleingelasssen werden, nachdem ich angefangen hatte, mich selbst wieder zu spüren, zu fühlen.

Wähle daher deine(n) LehrerIn sehr, sehr kritisch und sorgfältig aus.

Hüte dich vor falschen Heilern bzw. Lehrern. Schon in der Bibel steht geschrieben:

> »Liebe Brüder und Schwestern, traut nicht jedem Geist, sondern prüft die Geister, ob sie aus Gott sind; denn viele falsche Propheten (Heiler) sind in die Welt hinausgezogen.«

Hüte dich vor Lehrern, die die Einweihung in die einzelnen Grade innerhalb weniger Wochen anbieten – dies kann zur Desorientierung und zu einem Abgleiten in Psychosen führen.

Nicht umsonst wird in Japan der Reikiweg als ein Lebensweg gesehen, der über viele Jahre gegangen wird.

Diese ›schnellen‹ Lehrer gehen fahrlässig mit Menschen in seelischen Krisen um.

In solchen Fällen geht es nur und ausschließlich um Geld – bzw. Habgier.

Durch zahlreiche, eben auf diese verantwortungslose Weise agierenden ›Lehrer‹ hat Reiki meiner Meinung nach auch den häufig vorherrschenden negativen Beigeschmack erhalten.

Nicht an Reiki selbst, sondern an den falschen Heilern (Reikilehrern) sind viele Hilfe suchende Menschen zerbrochen.

Nachfolgende Zeilen möchte ich in Liebe und Dankbarkeit Renee widmen, der ich es zu verdanken habe, dass ich heute wieder sagen kann: JA, ich will leben!!!

Schatten:
*überall hingeworfen, erschaudernd und doch verzückt –
Figuren, Fratzen und Bilder an der Wand.
Der Sommerwind belebt die Nacht –
und der Mond treibt sein gespenstisches Spiel mit dem Licht.*

Licht:
*ein sanfter Strahl durch den Türspalt – sichtbar, spürbar,
er bannt die Gefahr.
Hoffnung, Schutz, die Spannung lässt nach, sie vergeht –
und ich warte vertrauensvoll auf morgen.*

Morgen:
*ist heute, ein neuer Tag.
Im strahlenden Sonnenlicht vollbringen die Bienen
emsig ihr Tagwerk –
es klingt wie Musik.
Sanft und behutsam, fast zärtlich
streichelt der Wind die Blüten, die Blätter.
Fasziniert beobachte ich die Ameisenstraße,
ein unaufhörliches Kommen und Gehen.
Die Spinnen weben ihre kunstvollen Netze.
Weit draußen, fern und doch so nah –
herrscht reges, buntes Treiben – dort drüben im Wald.
Meine Sensoren nehmen Schwingungen wahr –
sie bedeuten Ruhe und Frieden –
signalisieren eine unendliche Vielfalt des Lebens.*

Leben: *Ich mag es – das Leben.*

Leben: *Ich mag es – MEIN Leben.*

Brigitte Beck

Reiki ist der einfache und wirkungsvolle Weg, die universelle Liebe und Lebensenergie, die uns alle umgibt, zu erfahren.

Reiki lässt sich täglich und in jeder Lebenslage anwenden. Es dient dazu, das Gleichgewicht zwischen Körper, Geist und Seele (Emotionen) wiederherzustellen.

Reiki macht es leichter, auf die innere Stimme unseres Körpers zu hören, und unterstützt insgesamt den Selbstheilungsprozess.

Jeder Mensch hat Zugang zu dieser Kraft der bedingungslosen, heilenden Energie (Liebe), denn jeder trägt den göttlichen Funken der Schöpfung in sich.

Wenn wir diesen Funken erkennen und nähren, wird sich das Licht in uns ausbreiten, bis wir vollkommen von ihm erfüllt sind.

Im Einklang leben mit der eigenen Person sowie mit dem Geist und der Energie des Universums ist eine Kunst, eine Fähigkeit, die es (wieder) zu entwickeln gilt.

Spezielles Wissen ist dafür nicht erforderlich. Voraussetzung ist nur, dass die Energiekanäle geöffnet sind.

Als Eingangstore für den Empfang, die Umwandlung und die Leitung der kosmischen Energie und der in der Atmosphäre liegenden Lebensenergie dienen die sieben Hauptchakren.

Das Wort Chakra ist ein Sanskritwort und heißt Rad, Kreis – wird aber auch mit Lotosblüte übersetzt.

Die Chakren sind Lebensenergiezentren bzw. Schwingungskörper im Energieleib des Menschen, die durch unsichtbare Energiekanäle miteinander verbunden sind, und befinden sich stets in unmittelbarer Nähe eines wichtigen Organs.

Sie sind entlang der Wirbelsäule angeordnet und entsprechen den sieben Hauptnervenplexen in unserem Körper.

Je besser der Zustand unserer Chakren ist, desto mehr können sie positive Energien aufnehmen und desto mehr können wir diese Energien durch unsere Persönlichkeit und unseren Charakter in allen Aspekten unseres Lebens verwirklichen.

Die Chakren müssen gereinigt, geöffnet, harmonisiert und ausgeglichen werden.

Es geht um die Wiederherstellung des ungehinderten Energieflusses.

Natürlich bin ich mir bewusst, dass es nicht einfach ist, an das unsichtbare Etwas wie ›universelle Energie‹ zu glauben – zumal man sie nicht unmittelbar sehen oder berühren kann.

Deshalb freu ich mich ganz besonders darauf, eine Geschichte wiederzugeben, die ich im Kryon Band VII, ›Der Neuanfang‹, lesen durfte:

Ein kleiner Vogel namens Bernie

Bernie wuchs in einem äußerst hoch gelegenen Nest auf. Vielleicht weißt du, wie den Vögeln das Fliegen beigebracht wird. Es ist irgendwie erstaunlich und eindrucksvoll und irgendwie ist es auch erschreckend. Denn die Vogelmami und der Vogelpapi schieben die Vogeljungen, wenn sie bereit sind, sanft aus dem Nest, wenn diese gerade nicht hinsehen.

Hast du das gewusst? Naturgemäß wissen die Vogeljungen, dass sie ihre Flügel auszubreiten haben und anfangen müssen zu flattern, und während sie dies tun, werden sie plötzlich vom Wind in die Lüfte gehoben und sie fliegen nach oben und hoch hinauf.

Dieser kleine Schubs aus dem Nest muss einfach sein, denn im Nest können die Vogelmami und der Vogelpapi ihren Jungen das Fliegen nicht beibringen. In einem kleinen Nest wird nicht viel geflogen. Logisch !!!! Nun, Bernie wollte überhaupt nichts mit diesem Vorgang zu tun haben.

Er sah, wie seine Schwester eines frühen Morgens aus dem Nest geschoben wurde und wie sie fiel, es ging hinunter, abwärts und abwärts, immer weiter abwärts. In der allerletzten Sekunde breitete sie die Flügel aus und flatterte wie verrückt. Und schließlich flog sie.

Doch Bernie kam es so vor, als würde sie schon fast am Boden angelangt sein, bevor sie wusste, was sie zu tun hat, und er bekam Angst. Er wollte mit dem Fliegen nichts zu tun haben.

Bernie sagte: »Es gibt keinen Grund, warum ich diese Sache mit der Fliegerei überhaupt machen soll. An diesem ganzen System ist irgendetwas falsch.«

Bernie überzeugte seinen Bruder Bobbie davon, dass die ganze Sache mit dem Fliegen eine blöde Angelegenheit sei. Bobbie wollte auch nichts mit dem Flugtraining zu tun haben, und daher ging er zu seiner Mama und sagte es ihr.

Bobbie verkündete, dass er nicht fliegen wolle, weil er sich fürchtete und weil er es auch nicht wirklich für notwendig hielt, weil das Nest irgendwie gemütlich und cool war und er darin bleiben wollte.

Seine Mama sah in lange Zeit an, dann schob sie ihn sofort und unmittelbar aus dem Nest.

Und Bobbie fiel, er fiel hinunter, es ging abwärts und abwärts, bis er, kurz vor dem Boden schließlich, seine Flügel ausbreitete und zu flattern begann. Er flatterte und flatterte, und dann stieg er hoch in die Lüfte.

Bernie sah das alles mit an. Er war der Jüngste, der mindestens zwei Minuten später als alle anderen ausgeschlüpft war, und er wusste, dass er als Nächster dran war. Er dachte bei sich:

»Es ist mir egal, ob meine Schwester und mein Bruder das durchgemacht haben. Niemand wird mich aus diesem Nest schieben, weil ich nicht fliegen muss. Das ist nichts für mich!«

Bernie hatte sich einen Plan ausgedacht.

Eines Nachts, während alle anderen schliefen, fand Bernie eine Schnur. Diese Schnur hatte sein Papa in das Nest gebracht, um es zu festigen. Manchmal werden beim Bau eines Nestes alle möglichen Dinge zusammengetragen, um so ein starkes Nest zu bauen. Bernie beschloss, diese Schnur an seinem Bein und das andere Ende an einem stabilen Teil des Nestes zu befestigen, sodass er vor einem Sturz bewahrt sein würde wenn ihn seine Mutter aus dem Nest schob. Hey, das war ein guter Plan.

Das Problem war allerdings, dass Bernie nie an irgendeinem Pfadfinderlager für Vögel teilgenommen hatte und daher nicht wusste, wie Vogelknoten gebunden werden.

Doch wie dem auch sei, er gab sein Bestes und band einen Knoten, der seiner Meinung nach hielt. Er versteckte den Knoten an seinem Beinchen vorsorglich, indem er sich immer von seiner Mutter wegdrehte, wenn sie in seiner Nähe war. Und genau wie es kommen musste, schob ihn seine Mutter direkt in der darauf folgenden Nacht, während er schlief, aus dem Nest.

Und es funktionierte! Er fiel kopfüber, und die Schnur hielt stand. Es war dunkel, und seine Mama, die glaubte, dass Bernie unten war, flatterte und Fliegen lernte, legte sich wieder zurück ins Bett. Bernie hing ganz still an seiner Schnur und dachte bei sich, wie clever er doch war.

Dann kletterte er mit seinem Schnabel an der Schnur empor und kuschelte sich wieder in sein warmes Plätzchen.

Am nächsten Morgen, als seine Mutter aufwachte, sah sie Bernie im Nest liegen – einschließlich der Schnur an seinem Bein – und sagte zu ihm: »Bernie, was machst du denn hier?« Sie zeigte auf die Schnur, die Bernie ganz vergessen hatte von seinem Bein abzunehmen.

»Ich denke, es ist Zeit, dass Papa jetzt die Sache in die Hand nimmt!« rief sie.

Bernie dachte bei sich: »Ich Dummkopf! Ich habe vergessen, die Schnur abzunehmen! Nun wird sich auch noch Papa einmischen. Verflixt!«

Papa kam in der Tat während dieser Zeit zum Nest zurück. Er war ein sehr großer Vogel mit sehr vielen Federn. Bernie hatte irgendwie Angst vor seinem Vater, weil er so groß war.

Doch sein Papa war ein liebevoller Vater und er fragte: »Bernie, was ist los? Alle Vögel fliegen. Sieh dich nur um hier. Alle fliegen. Es ist nun einmal eine Sache, die zu den Vögeln gehört. Warum möchtest du nicht fliegen lernen? Warum?«

Bernie dachte einen Augenblick nach. »Papa, ich habe Angst«, sagte er schließlich. »Ich habe Angst, Papa, weil es dort nichts gibt. Du sprichst von der Luft, die angeblich unsere Flügel hochheben soll. Sie ist unsichtbar. Und es scheint auch kaum zu funktionieren. Hast du gesehen, wie mein Bruder und meine Schwester hinuntergefallen sind? Um ein Haar hätten sie es nicht geschafft!«

Sein Vater dachte einen Augenblick nach. »Obwohl du die Luft nicht sehen kannst, Bernie, wird sie unterhalb von deinen Flügeln sein. Alles, was du zu tun hast, ist, deine Flügel auf dem Weg nach unten auszubreiten, und die Luft wird dich aufschaufeln. So fliegen wir alle. Sie ist unsichtbar, aber sie ist hier.«

»Das ist magisch«, sagte Bernie, »man kann die Luft nicht sehen. Du kannst mir nicht erzählen, dass es Luft gibt, die man nicht sehen kann. Sie ist nicht hier. Vielleicht funktioniert dieser Zauber ja bei dir, bei Mama und bei meinem Bruder und meiner Schwester. Doch ich glaube dies erst, wenn ich es gesehen habe. Luft ist unsichtbar. Wie kann ich wissen, dass du mich nicht zum Narren hältst? Ich weiß nicht, wie du fliegst. Doch so etwas wie Luft gibt es nicht, weil ich sie nicht sehen kann. Papa, ich werde einfach eine neue Vogelrasse namens Gehvogel gründen und ein schönes Leben haben. Ich werde vom Baum hinuntergehen, einen Wurm finden und wieder zurück auf den Baum gehen. Irgendwo werde ich ein Gehvogelweibchen finden – wir bekommen Gehvogeljunge und eine neue Rasse wird geboren.«

Der Vater sah Bernie sehr lange an. Er murmelte vor sich hin: »Gehvogel?« Er verdrehte die Augen. »Gut, Bernie, ich sehe, es ist an der Zeit, dass Sigg dir einen Besuch abstattet.«

»Wer ist Sigg?«, fragte Bernie ein wenig zaghaft.

»Nun, das ist der Vogelpsychiater des Schwarmes. Wir werden dir Sigg schicken müssen. Doch Bernie, wenn der Vogelpsychiater kommt, dann sei bitte feinfühlig. Nenn ihn nicht Doktor Spatzenhirn. Geh sicher, dass du ihn den Vogelpsychiater nennst. Kein Arzt möchte als Spatzenhirn bezeichnet werden.«

»Papa, es ist mir egal, was Doktor Sigg mir sagt. Niemand kann mich davon überzeugen, dass die Luft echt ist. Ich kann sie nicht sehen.«

Am nächsten Morgen wachte Bernie wie gewöhnlich auf. Tatsächlich war jetzt der Vogelpsychiater anwesend. Sigg war wie geplant hierher gekommen.

»Bernie, wovor hast du Angst?«, fragte ihn der Arzt aufrichtig.

Bernie ging es noch einmal durch. »Ich kann einfach nicht an die Luft glauben. Ich kann sie auch nicht sehen. Ich weiß, dass ihr alle fliegt und flattert und flattert und flattert …, doch es ist einfach nicht genug für mich, weil ich die Luft auch sehen können muss, bevor ich an sie glaube. Herr Doktor Spatzenhirn ... hm ... Sir.«

Sigg betrachtete Bernie noch einmal stirnrunzelnd wegen des absichtlichen Sprachfehlers. Bernie hatte Spaß daran. Er wusste, dass es Doktor Sigg nicht gefiel, als Doktor Spatzenhirn bezeichnet zu werden, und doch sagte er es jedes Mal, wenn er ihn ansprach.

Sigg sagte zu Bernie: »Bernie, du hast Angst, weil du die Luft nicht sehen kannst. Doch wovor hast du wirklich Angst?«

»Nun, ich fürchte mich davor, hinunterzufallen und auf dem Boden aufzuschlagen und zu sterben. Denn der Boden rast anscheinend sehr schnell nach oben, wenn die Vögel aus den Nestern fallen. Ich habe Angst!«

»Wodurch wird ein Vogelsturz bewirkt?«, fragte Sigg seinen jungen Patienten.

»Nun, hm, ich nehme an, das bewirkt die Schwerkraft«, sagte Bernie.

»Hm, die Schwerkraft.« Sigg hielt inne. »Weißt du, Bernie, du kannst die Schwerkraft auch nicht sehen, nicht wahr?«

Bernie dachte einen Augenblick nach. »Nun, nein. Nein, ich kann die Schwerkraft nicht sehen.«

»Doch du glaubst an die Schwerkraft, Bernie? Zeig mir die Schwerkraft.«

Bernie dachte nach und sprach dann: »Gut, ich kann Ihnen die Schwerkraft nicht zeigen. Wenn ich aus dem Nest springe, werde ich hinunterfallen. Das ist die Schwerkraft.« Bernie war stolz, dass er diese schwierige Frage beantwortet hatte.

»Das ist richtig«, sagte der Arzt. Du kannst es beweisen, wenn du aus dem Nest springst. Bernie, du kannst auch beweisen, dass die Luft existiert, wenn du aus dem Nest springst. Weil sie genauso wie die Schwerkraft existiert. Du kannst sie nicht sehen, doch sie ist hier.«

Bernie gefiel es nicht, welchen Verlauf dieses Gespräch nahm. Sigg jedoch war mit seiner Beratungssitzung fertig und verschwand ... er flog davon. Doch anstatt nach vorn zu springen und hochzufliegen, schrie Sigg Bernie an, während er aus dem Nest nach unten sprang und scheinbar hinunterfiel.

»Die Schwerkraft, Bernie!«, rief Sigg, als er nach unten fiel, »die Luft,

Bernie!«, rief er erneut, während er seine Flügel in voller Weite ausbreitete. Dann flog er elegant davon und währenddessen konnte man den Vogelpsychiater noch einmal hören … »Beide sind unsichtbar … beide sind echt … beide sind Wirklichkeit.«

Bernie war nun sehr lange still. Er dachte nach und dachte nach. Und schließlich sagte er: »Weißt du, Papa, der Vogelpsychiater ist in Ordnung. Nur weil ich die Luft nicht sehen kann, bedeutet das nicht, dass sie nicht existiert. Die Schwerkraft existiert immer. Vielleicht auch die Luft. Bevor ich es nicht versucht habe, werde ich es nicht richtig wissen.«

Er beschloss, dass er morgen fliegen würde. Er würde tapfer sein, und er erzählte es all den Vögeln im Wald und in den anderen Nestern. Allen erzählte er: »Ich werde es tun! Ich werde es tun!«

Am nächsten Morgen stand Bernie am Rande des Nestes. Viele versammelten sich, weil die ganze Nestbevölkerung Bernies Problem kannte.

Bernie stand aufgerichtet da. Jetzt verkündete er allen, dass es Zeit war, Vertrauen in diese unsichtbare Sache namens Luft zu haben. Er sprach lange über Vertrauen und über unsichtbare Dinge, und dann begab er sich in die dünne Luft und begann aus dem Nest zu springen!

Plötzlich baumelte Bernie unterhalb des Nestes. Er hatte vergessen, die Schnur loszubinden.

Er kletterte wieder empor, nagte sich durch sie hindurch, nahm noch einen Atemzug von dieser unsichtbaren Sache namens Luft und sah sich um. Im Wald war es nun ganz still geworden. Denn Vogeljunge tun dies sonst nicht von ganz allein. Normalerweise werden sie im Schlaf überrascht und hinausgeworfen, wenn sie gar nicht damit rechnen. Sie tun es nie von allein.

Auf irgendeine Art wussten die anderen Vögel, dass sie hier etwas Besonderes sahen. Irgendwie erinnerten sich die Erwachsenen daran, wie es beim ersten Mal war. Bernie, der zaghafte Vogel, war im Begriff, sich von allein aus dem Nest zu stürzen … und diesmal ohne die Schnur.

Er fiel nach unten. Unmittelbar als Bernie in Richtung Boden hinabsauste, überkam ihn die Angst. Dies war kein Traum. Es war Wirklichkeit. Während Bernie zusah, wie die Baumrinde an ihm vorbeisauste und der Boden auf ihn zuraste, hörte er eine innere Stimme, die ihm sagte:

»Flügel! Flügel! Breite deine Flügel aus!«

»Ich fürchte mich. Ich habe Angst!«, schrie Bernie innerlich …

… und doch streckte er schließlich, genau so wie es seine Schwester und sein Bruder gemacht hatten, diese kleinen kurzen Flügel aus, die er noch nie zuvor benutzt hatte, und er begann zu flattern. Tatsächlich übernahm dieses unsichtbare Stützsystem namens Luft die Kontrolle. Die Magie des Fliegens, die bei seinem Vater und seiner Mutter funktioniert hatte, trat in Kraft. Er fühlte, wie er hochgehoben wurde, und er stieg in die Lüfte!

Bernie konnte nicht genug davon bekommen. Er flog den ganzen Tag lang. Er flog und flog und flog.

Er flog so hoch, wie er konnte, so lange, bis seine Flügel müde wurden. Und dann feierte er dieses unsichtbare Ding, die unsichtbare Sache, die alle als Luft bezeichneten.

Er segelte rund um die Bäume und schrie: »Seht her, ich fliege!« Als ob dies noch kein Vogel zuvor gemacht hätte! Sie alle spendeten Bernie Beifall – nicht deswegen, weil er flog, sondern für den Mut, den dieser kleine Vogel aufgebracht hatte, um von allein zu fliegen.

Es ist eine einfache Geschichte, nicht wahr? Wenngleich du vielleicht dachtest, diese Geschichte sei für Kinder. In Wahrheit ist sie für Erwachsene.

Denn es ist die Angst der Erwachsenen, die das Nest des Verstandes und der scheinbaren Realität nicht verlassen möchten, um zu den Höhen des wahren Seins aufzusteigen … um die Freude im Glauben an das Unsichtbare zu erfahren.

Der Leuchtturm

Menschen, die mit lichter Energie arbeiten (ob mit universeller Lebensenergie, mit der Energie der Engel und Erzengel, mit der Energie der göttlichen Lichtstrahlen oder mit der Energie der aufgestiegenen Meister), werden als Lichtarbeiter bezeichnet.

In diesem Zusammenhang stellt sich berechtigterweise die Frage: »Was ist ihre Verantwortung gegenüber denen, denen sie helfen? Was ist generell die Verantwortung von Lichtarbeitern gegenüber den Menschen, die sie umgeben?«

Sie alle haben viel Energie und Liebe zu geben, doch wenn sie es tun: Beeinträchtigt irgendetwas davon die freie Wahlmöglichkeit jenes Menschen, dem sie sie zuteil werden lassen?

Manipulieren sie ihn auf irgendeine Weise? Greifen sie in seine Persönlichkeit ein? Beeinflussen sie seinen Lebensweg?

Zu all diesen Fragen möchte ich sinngemäß eine wunderbare Metapher vom Leuchtturm aus Kryon Band VI, ›Über die Schwelle‹, wiedergeben:

Die Integrität der Bewahrung (des Haltens) unseres Lichtes

Der Leuchtturm ist auf einem Felsen fest verankert, egal, wo er hingebaut wird.

Manchmal wird der Leuchtturm in anderen Gebieten, weil sich das Wetter und die Umstände verändern, wieder neu gebaut – derselbe Leuchtturm – derselbe Leuchtturmwärter – immer im Felsen verankert. Der Leuchtturm ist für eine einzige Sache dort – das Licht leuchten zu lassen.

Der Sinn und Zweck des Lichtes variiert oft. Manchmal ist es ein Warnlicht, manchmal ist es dort, um Aufmerksamkeit zu erwecken, und manchmal ist es dort, um zu leiten. Was auch immer der Zweck ist, das Licht ist immer im Felsen verankert. Diejenigen, die den Leuchtturm erbauten und dort arbeiten, wissen etwas, was die anderen nicht wissen: Sie wissen, wo die Felsen sind – wo die Schwierigkeiten liegen, und sie sind hier, um andere um diese Dinge herumzuleiten.

Wenn das Licht fähig ist, Schiffe in den sicheren Hafen zu lotsen, dann erfreut sich der Leuchtturm! Wenn dies geschieht, kommt der Leuchtturmwärter jedoch nicht herüber zum Kapitän des Schiffes, um mit ihm gemeinsam eine Party zu feiern.

Stattdessen erfreut sich der Wächter stillschweigend und fährt fort, das Licht weiterhin leuchten zu lassen. Die meisten Kapitäne, die aufgrund des Lichtes vom Leuchtturm den sicheren Hafen erreichen, kennen den Leuchtturmwärter gar nicht. Der Leuchtturmwärter veröffentlicht auch keine Erklärung, in der er anderen mitteilt, dass er ein Schiff rettete. Er arbeitet stillschweigend und fährt fort, oft allein, verankert im Felsen.

Über die Schiffe, die nicht nach oben zum Leuchtturm aufschauen und sich dann im Unglück am Felsen verletzen, mag der Leuchtturm betrübt und traurig sein. Doch der Leuchtturmwärter geht nicht hinüber, um das Schiff zu retten. Der Leuchtturmwärter übernimmt keine Verantwortung für diejenigen, die auf dem Felsen enden oder aufschlagen. Der Leuchtturmwärter fällt aufgrund des Geschehens nicht in eine Depression und er baut den Leuchtturm nicht aufgrund des Schiffes, welches nicht nach oben geblickt und das Licht nicht gesehen hat, ab. NEIN.

Stattdessen hat der Leuchtturm einen Sinn und Zweck, und das ist, das Licht leuchten zu lassen, das Licht leuchten zu lassen und das Licht leuchten zu lassen.

Was wir euch sagen – insbesondere den Heilern (Lichtarbeitern) unter euch –, ist Folgendes:

Ihr habt keine Verantwortung für diejenigen zu übernehmen, die das Licht nicht sehen wollen, die an der göttlichen Energie nicht teilhaben wollen.

Übernehmt keine Verantwortung für diejenigen, die nicht heilen. Übernehmt keine Verantwortung für diejenigen, die heilen. Feiert jene, die heilen – weint über diejenigen, die nicht heilen –, aber übernehmt keine Verantwortung für etwas außer für die Integrität der Energie, die ihr selbst abgebt, aussendet, ausstrahlt.

Lasst das Licht leuchten und steht am Platz. Fahrt weiter damit fort, euch im Felsen der Weisheit zu verankern, und pflegt stets die Reinheit des Lichtes, welches ihr zeigt.

Lage und körperlicher Einflussbereich der Chakren

Mit Begriffen wie Energiezentren und Chakren kam ich erstmals im Rahmen meiner Reikiausbildung in direkte Berührung.

Bis dahin waren mir diese Vokabeln zwar irgendwie geläufig, Bezug dazu hatte ich jedoch keinen.

Wie bereits im vorangegangenen Kapitel erwähnt, dienen die sieben Hauptchakren als Eingangstore für den Empfang, die Umwandlung und die Leitung der kosmischen Energie.

Den enormen Unterschied zwischen einem mehr oder weniger dominanten, einem mehr oder weniger unterversorgten Chakra und einer Blockade in einem der Hauptenergiezentren durfte ich gleich während meiner Einweihung in den ersten Reikigrad durch eine tief greifende und sehr heftige Erfahrung kennen lernen.

Dass ich damals den Satz »Ja, ich will leben« nicht über die Lippen brachte, hing schlicht und einfach damit zusammen, dass zu diesem Zeitpunkt mein Wurzelchakra total blockiert war. Lebensenergie, Lebensfreude oder psychische Kraft waren längst Fremdwörter für mich. Erst durch die Aktivierung und Harmonisierung des Wurzelchakras wurden diese Gefühle für mich langsam wieder wahrnehmbar.

Wie bei den meisten Energieseminaren gibt es auch bei Reiki im Anschluss an die Ausbildung ein Einundzwanzig-Tage-Programm. Nach den Einweihungen ist es üblich, ohne Unterbrechung einundzwanzig Tage lang jeweils eine Ganzkörper-Eigenbehandlung durchzuführen. Während dieser Reinigungsarbeiten stolperte ich über weitere Defizite und Blockaden meiner Energiezentren.

Dementsprechend reagierte auch mein Körper darauf, und nicht selten stieß ich dabei sowohl physisch als auch psychisch an meine Grenzen.

Trost und Halt schenkte mir in diesen Zeiten das Bewusstsein, dass es sich dabei um völlig normale körperliche Vorgänge handelt. Jedes körperliche Symptom und jedes seelische Tief gehörten zum Heilungsprozess, brachten mich letztlich wieder einen Schritt näher zu mir selbst.

Auf den nachfolgenden Seiten findest du eine Zusammenfassung über die Lage und den körperlichen Einflussbereich der sieben Hauptchakren aufgrund meiner persönlichen Erfahrungen und Aufzeichnungen anlässlich meiner Reikiausbildung sowie meiner spirituellen Reisen nach Ägypten und Seminare in Kairo.

Bei den empfohlenen Ölen handelt es sich um reine Blütenextrakte aus Kairo, die sowohl zum Auftragen auf die zu behandelnden Chakren verwendet werden als auch als Badewasserzusatz. Ebenso finden sie erfolgreich Verwendung in Duftlampen.

WURZELCHAKRA (Muladhara-Chakra)
Mula = Wurzel, adhara = Stütze

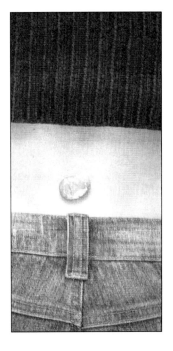

Lage: im Bereich des Beckenbodens auf Steißbeinhöhe zwischen Damm und Anus und auf der Wirbelsäule in Höhe des Steißbeins.

Das Wurzelchakra verbindet die materielle Ebene mit der emotionalen und mentalen Ebene und verhilft dazu, das alltägliche Leben zu akzeptieren, sich selbst zu lieben, dem Prozess des Lebens zu vertrauen.

Durch die Entfaltung des Wurzelchakras lernst du, JA zum Leben zu sagen und deine ursprüngliche Lebensenergie und Lebensfreude aufzuspüren.

Einige mögliche Beschwerden durch Störung und Blockaden

Darmerkrankungen, psychische Kraftlosigkeit, Existenzängste, Knochenerkrankungen, Gliederschmerzen, Blutarmut, Ischiasprobleme

Farbe: rot
Öl: Red Amber

SAKRALCHAKRA (Svadisthana-Chakra)
Svadisthana = Süße, Lieblichkeit

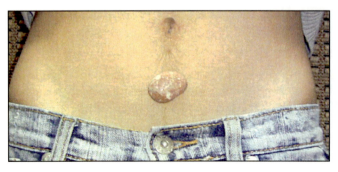

Lage: etwas oberhalb der Geschlechtsorgane, einige Fingerbreit unterhalb des Bauchnabels

Das Sakralchakra ist unser Kraftzentrum im Unterleib und ist zuständig für Sexualität, Sinnlichkeit, Arterhaltung, schöpferische Lebensenergie.
Es beherbergt Urängste, Schuldgefühle, Unsicherheit und Unruhe.
Das Sakralchakra ist eng verwandt mit dem Wurzelchakra, beide beziehen ihre Energien sowohl von der Erde als auch von der Sonne.

Durch die Erweckung des Sakralchakras lernst du, JA zu deinen sexuellen Kräften und deiner Sinnlichkeit zu sagen. Es verleiht Sicherheit und Geborgenheit während der Menstruationszyklen, bei erhöhter Nervosität in Situationen, in denen der weibliche Aspekt angegriffen wird oder Aggressionen ausgesetzt ist.

Einige mögliche Beschwerden durch Störung und Blockaden

Menstruationsbeschwerden, Erkrankungen der Gebärmutter und des Gebärmutterhalses, Eierstock- und Eileiterentzündung, Prostata- und Hodenerkrankungen, Schmerzen im Bereich der Lendenwirbelsäule, Unfähigkeit, das Leben zu genießen

Farbe: orange
Öl: Moschus

SOLARPLEXUS-CHAKRA (Manipura-Chakra)
Manipura = funkelnder Juwel

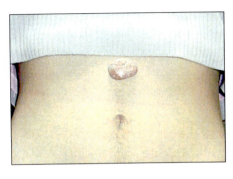

Lage: etwas oberhalb des Bauchnabels im Magenbereich

Das Solarplexus-Chakra wird auch als ›Sonnengeflecht‹ oder als ›Goldenes Chakra‹ bezeichnet, in dem unser individuelles Empfinden für das ICH angesiedelt ist.

Die Entwicklung des Solarplexus-Chakras schenkt uns die Leichtigkeit, unser ICH-Empfinden mit dem ICH-BIN-Bewusstsein zu verbinden.
Dadurch erlangen wir Willenskraft, Selbstvertrauen, Durchsetzungskraft, Sensibilität.

Einige mögliche Beschwerden durch Störung und Blockaden Magenbeschwerden, Erkrankung von Leber, Milz und Gallenblase, Bauchschmerzen (Oberbauch), vegetatives Nervensystem, Muskulatur des unteren Rückens, Bauchspeicheldrüse

Farbe: gelb, goldgelb
Öl: Jasmin

HERZCHAKRA (Anahata-Chakra)
anahata = unbeschädigt, unbeschadet

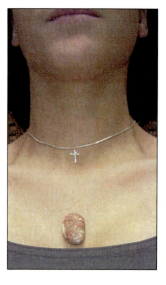

Lage: in der Mitte der Brust in Höhe des Herzens

Das Herzchakra, das Chakra der Liebe, bewirkt unser Mitgefühl und unser Verständnis untereinander für alles, was ist.

Indem du das Herzchakra aktivierst, lernst du, nach deinem Gefühl zu entscheiden und zu tun, was du selbst brauchst. Im Herzchakra sind Liebe, Mitgefühl, Menschlichkeit und Herzensgüte beheimatet.

Es unterstützt uns dabei, unabhängig von unserer mentalen Ebene vergeben und vergessen zu können, um in emotionalen Beziehungen einen Neuanfang zu wagen.

Einige mögliche Beschwerden durch Störung und Blockaden

Thymusdrüse, Herzrhythmusstörungen, koronare Herzkrankheiten, Lungenerkrankungen, Schmerzen im Bereich der Brustwirbelsäule, Hauterkrankungen, Bluthochdruck, niederer Blutdruck

Farbe: grün und rosa
Öl: Rosenöl

HALS- oder KEHLKOPFCHAKRA
(Vishuddha-Chakra)

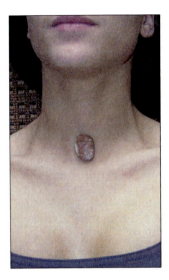

Lage: am unteren Teil des Halses, Bindeglied zwischen Herz- und Stirnchakra

Das Halschakra ermöglicht unserem inneren Selbst, seinen Ausdruck in Sprache umzusetzen.

Durch die Entfaltung des Halschakras lernst du, frei und ohne Furcht deine eigene Wahrheit auszudrücken. Das Hals- oder Kehlkopfchakra steht für Kommunikation, Inspiration, Kreativität, Wortbewusstsein.

Einige mögliche Beschwerden durch Störung und Blockaden

Halsschmerzen, Mandelentzündung, Schmerzen im Bereich der Halswirbelsäule, Verspannung Nacken / Schultern, Bronchitis, Ohrenschmerzen, Probleme Zahn- / Kieferbereich, Stottern

Farbe: hellblau
Öl: Amber Kaschmir

STIRNCHAKRA (Ajna-Chakra)
Ajna = wahrnehmen

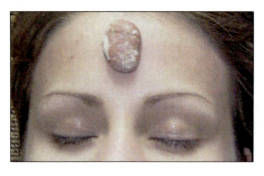

Lage: über der Nasenwurzel in der Mitte der Stirn

Das Stirnchakra, auch ›drittes Auge‹ genannt, ist ein sensibles Instrument. Es reguliert die innere ›Sehfähigkeit‹.

Im geöffneten Stadium ermöglicht es dir die Verbindung zur geistigen Welt, du erlangst über dieses Chakra Zugang zu dem so genannten Akasha-Wissen, das alles umfasst, was je existiert hat. Das Öffnen sollte harmonisch und allmählich geschehen.

Zentrale Themen des Stirnchakras sind Weisheit, Erkenntnis, Intuition, Wahrnehmung, Selbstkenntnis, geistige Klarheit.

Einige mögliche Beschwerden durch Störung und Blockaden

Migräne, Kopfschmerzen, Augenleiden, neurologische Störungen, Schizophrenie, Erkrankung des Nervensystems, Gehirnerkrankungen

Farbe: dunkelblau, indigoblau
Öl: Sandelholz

KRONENCHAKRA (Sahasrara-Chakra)
sahasrara = tausendfältig, tausendfach

Lage: unmittelbar über unserem Scheitel

Über das Kronenchakra kommunizieren wir außerhalb von Raum und Zeit mit höheren Bewusstseinsebenen. Durch die Entfaltung des Kronenchakras lernen wir, außerhalb der materialistischen Welt Klarheit zu gewinnen und auf höheren geistigen Ebenen zu kommunizieren. Wir lernen, uns unseres wahren Ursprungs bewusst zu werden, daher Zugang zum Unbewussten.

Das Kronenchakra ist ein geistiges und spirituelles Energiezentrum, es ist verantwortlich für ein gesundes Wachstum der Organe und übt eine harmonische und schützende Wirkung auf den gesamten Organismus aus. Bei starker Blockade dieses Chakras können schwere chronische Krankheiten, vor allem geistige und seelische Probleme auftreten.

Einige mögliche Beschwerden durch Störung und Blockaden

Verwirrungszustände, Geisteskrankheiten, Nervenleiden, Kopfschmerzen, Krebserkrankungen, Schwächung des Immunsystems

Farbe: violett, weiß, gold
Öl: Lotus

Chakra-Test

Folgende Aussagen sollen dir helfen herauszufinden, welche Chakren bei dir augenblicklich dominieren oder unterversorgt bzw. blockiert sind.

Je mehr der folgenden Aussagen auf dich zutreffen, desto wichtiger ist es, die Energie in diesem Chakra anzuregen bzw. zu wecken:

WURZELCHAKRA

1) Ich habe kein Vertrauen in das Leben und in die Zukunft.
2) Über meine finanzielle Situation mach ich mir häufig Sorgen.
3) Ich leide regelmäßig an Verdauungsproblemen (Durchfall, Verstopfung).
4) Ich bewege mich eher selten, meine Hände und Füße sind meistens kalt.

SAKRALCHAKRA

1) Sexualität, Sinnlichkeit und Leidenschaft haben kaum Bedeutung für mich.
2) Es mangelt mir an Vitalität und Lebensfreude.
3) Kreativ zu sein, mich künstlerisch auszudrücken fällt mir schwer.
4) Ich leide häufig an Unterleibs-, Blasen-, Nierenbeschwerden, Prostataerkrankungen oder Menstruationsbeschwerden.

SOLARPLEXUS

1) Mein Durchsetzungsvermögen ist nicht sehr gut ausgeprägt.
2) Entscheidungen aus dem Bauch heraus treffe ich so gut wie nie.
3) Ich habe häufig Albträume und leide an Schlafstörungen.
4) Ich bin leicht zu verunsichern, meinen eigenen Gefühlen traue ich eher wenig.

HERZCHAKRA

1) Es fällt mir schwer, zu meinen Mitmenschen eine emotionale Bindung aufzubauen.
2) Ich glaube nur wenig an die Kraft und Macht der Liebe.
3) Nach einem Treffen mit Freunden fühle ich mich oft leer und erschöpft.
4) Ich habe Angst vor Zurückweisung und Einsamkeit.

HALSCHAKRA

1) Es fällt mir schwer, meine Gedanken und Gefühle in Worten auszudrücken.
2) Anderen Menschen gegenüber fühle ich mich unsicher.
3) Ich habe kaum Interessen, kann mich nur schwer für etwas begeistern.
4) Obwohl ich künstlerisch veranlagt bin, habe ich kaum das Bedürfnis, mich künstlerisch auszudrücken.

STIRNCHAKRA

1) Es fällt mir schwer, mich zu konzentrieren.
2) An meine Träume kann ich mich nur sehr selten erinnern.
3) Ich habe Probleme, Zugang zu meiner Intuition zu bekommen.
4) Über die Welt und das Leben mache ich mir eher selten Gedanken.

KRONENCHAKRA

1) Geistig fühle ich mich oft erschöpft.
2) Es fällt mir schwer, Entscheidungen zu treffen.
3) Mit dem Universum fühle ich mich nicht im Einklang.
4) Still zu werden und zu meditieren fällt mir schwer.

Chakraarbeit ist eine der subtilsten Heilmethoden. Die Chakren sind wichtige Energiezentren im menschlichen Körper, die du mit bestimmten Techniken aktivieren und harmonisieren kannst – mit positiven Auswirkungen auf deine körperliche und seelische Gesundheit, deine Stabilität und innere Ruhe.

Es gibt viele Wege, um mit den Chakren und ihren feinstofflichen Energien in Verbindung zu treten.

Die verschiedenen Methoden kannst du in Fachlektüren nachlesen.

EINE sehr gute Möglichkeit jedoch ist eine Chakra-Meditation.

Chakra-Meditation

Ziehe dich an einen ruhigen Platz oder Ort zurück, an dem du nicht gestört wirst.
Setze oder lege dich bequem hin. Entspanne dich, schließe deine Augen. Sorge dafür, dass dir nicht kalt ist.
Nimm dir Zeit, deine Gedanken zur Ruhe kommen zu lassen, bevor du mit der Meditation beginnst. Es dauert ein wenig, sich von seinem rationalen Verstand zu lösen.
Wichtig ist, sich während der Meditation zwar von allen Gedanken und Gefühlen sowie von seinen Sinnen zu trennen, sich ihnen aber nicht zu verschließen. Denn wenn man versucht, sich zu versperren, geht der innere Dialog erst richtig los.

Wenn du während der Meditation also plötzlich beginnst, über das Mittagessen, den bevorstehenden Abend oder über die anstehende Autoreparatur nachzudenken, halte inne, nimm den Gedanken an und lasse ihn dann los.
Entspanne dich, so gut es dir möglich ist, und kehre unbeirrt zu deiner Meditation zurück.

Verweile während des Meditierens bei jedem Chakra so lange, wie es sich für dich gut anfühlt. Es gibt keinen Zeitplan. Lass dir Zeit zu fühlen, was immer du fühlst. Nimm wahr, was immer du wahrnimmst.
Schenke dir alle Zeit, die du brauchst.

Werde dir deiner Atmung bewusst.

Stelle dir nun vor, deine Füße hätten Wurzeln, die tief in die Erde hineinwachsen.
Mit jedem Ausatmen graben sie sich tiefer und tiefer ein.
Wenn die Wurzeln so tief wie möglich eingedrungen sind, achte darauf, wie die Energie von Mutter Erde mit jedem Einatmen in deinen Körper fließt und ihn nährt.

Jedes Ausatmen verbannt Spannungen und beseitigt Gifte.

Fühle, wie die Energie des Universums durch deine Wurzeln zum Ende der Wirbelsäule, zum Wurzelchakra, hochsteigt.

Nimm die heilenden und wärmenden Schwingungen im Steiß- und Kreuzbein wahr. Spüre, wie dein gesamter Beckenraum in rotem Licht erglüht, während du in das Gefühl der Urkraft des Lebens, des Seins, eintauchst.

Lasse die Energie deine Wirbelsäule entlang hochfließen bis zum sakralen Chakra. Fühle wieder, wie alle fünf Wirbel deiner Lendenwirbelsäule, deine Fortpflanzungsorgane und Keimdrüsen jetzt oranges Licht und Wärme trinken, in sich aufnehmen.

Genieße diesen wohligen Zustand und fahre dann in deinem Tempo fort. Achte weiter auf deine Atmung.

Nun lass die Energie bis zum Solarplexus weiterfließen. Spüre, wie sich Magen, Leber, Galle und Bauchspeicheldrüse mit dieser heilenden Energie aufladen. Dein gesamter Solarplexus ist jetzt eine einzige helle und warme, von gleißenden, gelben Sonnenstrahlen durchflutete Körperzone.

Fühle, was immer du fühlst. Erlaube dir, deine an die Oberfläche drängenden Gefühle und Emotionen wahrzunehmen. Lass alles zu, denn alles darf sein.

Die Energie fließt nun weiter nach oben und erreicht dein Herzchakra. Vibrierendes, grünes Licht strahlt in dir und strahlt aus dir. Fühle den gegenseitigen Fluss von Liebe und Zärtlichkeit, von Mitgefühl und Vergebung.

Bade in dieser heilenden, licht- und liebevollen Energie und spüre, wie sich dein Herzensraum ausdehnt, weit und licht wird.

Der stetige Energiefluss erreicht nun das Zentrum deines Halses.

Hier ist das fünfte Chakra, das Halschakra. Fühle und sehe die blaue Energie, die hier pulsiert. Spüre, wie das blaue Licht frei zwischen Hals, Nase und Ohren fließt und dabei die Schönheit des Sprechens und die Fähigkeit, wirklich zuzuhören, verstärkt.

Achte weiterhin auf deine Atmung, während die Energie aufwärts fließt und an den Punkt in der Mitte der Stirn, zum sechsten Chakra, gelangt.

Indigofarbenes Licht strahlt durch diesen Punkt und verstärkt deine Intuition, deine übersinnliche Wahrnehmung. Schicke deine Energie aus. Fühle den Kontakt zu deiner Seele, höre deine innere Stimme, sehe, wer du in Wahrheit bist.

Lasse nun die Energie zu deinem Kronenchakra am Scheitelpunkt deines Kopfes fließen. Visualisiere, wie du über eine violette Lichtsäule mit dem Universum verbunden bist. Spüre die pulsierende Kraft dieser Verbindung und lass dich fallen in die Erkenntnis: Ich bin eins mit dem Universum, ich bin eins mit allem, was ist.

Sei dir all deiner Chakren als Licht- und Energiepunkte bewusst. Sie pulsieren, während die Energie von den Wurzeln deiner Füße ständig nach oben durch dein innerstes Sein fließt und darüber hinaus zu den Sternen, in die Unendlichkeit. Stelle dir gleichzeitig vor, wie diese ständig fließenden Energiebänder in die höheren Gefilde reichen.

Fühle den Puls des Energieflusses, der die Farben deines Chakrasystems kombiniert.

Wenn du die Verbindung abbrichst, ist es wichtig, dass du dich erdest. Stelle dir vor, wie der Energiefluss an deinem Scheitel abebbt. Fühle, wie die Energie langsam, Chakra für Chakra, zurück zu deinen Füßen und weiter in den Erdmittelpunkt fließt.

Wenn du dazu bereit bist, löse dich langsam und dankbar aus diesen Schwingungen, öffne die Augen und werde dir deiner Umgebung bewusst. Lasse dir Zeit, um zurückzukehren.

Zurück ins

        Hier und Jetzt

*Erlaube dir, dich mit deinen Gedanken und Gefühlen zurück-
zuziehen.
Hülle dich täglich eine angemessene Zeit in Einsamkeit und
Stille, um deine Fantasie zu beflügeln.
Diese Begegnung mit dir selbst wird dich positiv verändern und
verschüttete Kräfte und Energien in dir wachrufen.*

Brigitte Beck

Auflösen von Schuldgefühlen

Schuldgefühle, Ängste, Blockaden, alte Muster und Verstrickungen kann man auflösen, wenn wir sie annehmen.

Diese und ähnliche Sätze habe ich wiederholt gelesen, auf Workshops und Seminaren immer wieder gehört.

Mit allen möglichen Methoden habe ich versucht, meine Schuldgefühle und Ängste aufzulösen, sie in Frieden loszulassen und in Liebe zu transformieren, um innerlich endlich frei zu sein.

Sehr wertvoll und hilfreich erschienen mir Methoden mit positiven Affirmationen wie: Ich verzeihe in Liebe, Kraft meiner göttlichen Gegenwart ICH BIN, ich bin Liebe, Licht und Freude …

Doch irgendwann musste ich erkennen, dass Worte allein nichts Wesentliches bewirken.

Nachdem ich wusste, dass innerer Frieden nur im Herzen entstehen kann, habe ich mich während meiner Meditationen und Affirmationen zusätzlich auf mein Herzchakra konzentriert und mich bemüht, dort das Gefühl der Liebe und Freude, das Gefühl des Angenommenseins zu erzeugen.

Ich habe es mit karmischen Trennungsritualen ebenso versucht wie mit Visualisierung von Lichtsäulen.

Ich habe es auch nicht verabsäumt, mit der reinigenden violetten Flamme zu arbeiten, der man alles Belastende, Bedrückende und Verletzende übergeben darf.

Mit all diesen Versuchen konnte ich zwar vorübergehend das Dunkel aus meinem zumeist schweren Herzen und meiner ständig von Traurigkeit erfüllten Seele verdrängen, aber eine wirklich warme, befreiende Empfindung in einem geöffneten Herzen stellte sich immer noch nicht ein.

Ich suchte Rat bei Kartenlegern und Astrologen, besuchte weiter Kurse und Seminare, las weiterhin zahlreiche Bücher.

Nichts brachte mich aber wirklich weiter. Erfolge stellten sich immer nur kurzfristig ein. Immer wieder fiel ich in meine alten Muster zurück – meistens noch tiefer als zuvor.

Eines Tages hielt ich eine Broschüre über ein Emotionaltraining in meinen Händen.

Ich las darin über Heilung von Körper, Geist und Seele durch Herzöffnung. Von Lösung emotionaler und mentaler Blockaden, Konfliktlösungen, Klärung von Beziehungsfragen und darüber, Verantwortung für sich selbst zu übernehmen, indem man sich drängenden Lebensfragen stellt wie:

- Was hindert mich am Glück / Erfolg?
- Was macht mich krank?
- Was will mir meine Krankheit sagen?
- Welche Entscheidung ist die richtige?
- Wie finde ich meine Lebensaufgabe?
- Wie verwirkliche ich meine Vision?

Bei all diesen Themen gehe man davon aus, dass jeder Mensch die Lösung der drängenden Fragen in sich trägt und wir jeden Augenblick frei sind, uns unser Leben neu zu erschaffen.

Durch Bewusstwerdung und Auflösung alter Muster und Strukturen bekäme das Leben eines jeden Menschen neue Energie und Kraft. Dadurch würden kleine und große ›Wunder‹ möglich.

Akute und chronische Krankheiten heilen von innen, Konflikte würden gelöst und neue Zukunftsperspektiven würden sich eröffnen.

Schlagartig wurde mir bewusst, warum ich bisher nicht erfolgreich gewesen war. Ich hatte eine völlig falsche Strategie.

Die ganze Zeit über war ich bemüht, meine für mich unerwünschten Gefühle lediglich zu unterdrücken, um sie durch Angenehmere zu ersetzen.

Dadurch lösten sich die unerwünschten Gefühle aber noch lange nicht in Luft auf, geschweige denn in Liebe.

Ich hatte sie lediglich aus dem Bewusstsein zurück ins Unterbewusstsein verdrängt. Dort verblieben sie aber nur so lange, bis sie wieder einen Weg gefunden hatten, sich erneut in mein Bewusstsein zu drängen.

Dazu genügte oft ein unbedachtes, gar nicht böse gemeintes Wort oder Verhalten mir gegenüber, schon wurde der Schalter umgelegt und ich befand mich auf der alten Schiene. Unbarmherzig bahnten sich die unerwünschten Emotionen wieder ihren Weg an die Oberfläche. Gnadenloser denn je zuvor.

Der Prozess des Unterdrückens kostete mich immer wieder sehr viel Kraft. In der Zwischenzeit hatte ich die aber nicht mehr, meine Reserven waren aufgebraucht. Ich war an einem Punkt angelangt, an dem ich sagen musste: »Ich kann nicht mehr. Ich kann nicht mehr so weiterleben, es muss sich etwas ändern.«

Daher beschloss ich, an so einem Emotionaltraining teilzunehmen.

Der Seminarraum erwies sich als einladend, groß, hell und freundlich. Trommeln, Traumfänger, Indianerschmuck, Räucherstäbchen, Edelsteine und Kristalle zauberten eine wundervolle Atmosphäre. Schalen mit duftenden Schwimmkerzen und überall verstreute Rosenblätter erfüllten den Raum mit einem nahezu magischen Duft.

Meine anfängliche Skepsis bezüglich der Teilnehmer verflüchtigte sich nach wenigen Minuten der Begrüßung und des Kennenlernens. Es herrschte sofort Harmonie, Verbundenheit, Vertrautheit.

Alter, Geschlecht oder sozialer Status waren nebensächlich, spielten überhaupt keine Rolle.

Hier hatte sich einfach eine kleine Gruppe von Menschen eingefunden mit dem dringenden Bedürfnis, auf emotionaler und mentaler Ebene etwas für sich selbst zu tun, und der Bereitschaft, einander auf diesem Weg zu begleiten, zu unterstützen.

Jeder hatte seine eigenen Themen und den absolut freien Willen, sie auf seine ganz eigene Weise zu klären, zu lösen.

Freies Bewegen, Tanz, Atemübungen, Meditationen, wunderschöne Geschichten über den Ursprung des Seins, Entspannungsmusik, Entspannungsübungen, Einzel- und Partnerübungen, Runenübungen, Gesprächsrunden über hochkommende Gefühle und Wahrnehmungen , frei werdende Emotionen …

Irgendwann war dann auch für mich der Moment gekommen, in dem die emotionale Mauer um mich herum gebrochen ist und ich das bisher Verdrängte endlich an mich herankommen ließ. Wirklich herankommen ließ, wirklich bereit war, in das Gefühl zu gehen, anzunehmen.

Jetzt war ich bereit, die unangenehmen Gefühle und damit verbundenen Schmerzen bewusst wahrzunehmen.

Ich öffnete mich all diesen Schmerzen aus der Vergangenheit und ließ zu, dass sie mich innerlich berührten. Alle inneren Wunden, die bisher verschlossen blieben, öffneten sich.

Als ich das spürte, stiegen abwechselnd Trauer, Wut, Hilflosigkeit, Verzweiflung, Zorn und Hass in mir auf. Bei jedem neuen Thema, jeder neuen Wunde bahnten sich zahllose Tränen ihren Weg. Tränen, die ich endlich zulassen durfte, denn sie zeigten mir, dass jetzt der Augenblick der Heilung gekommen war.

Je mehr ich mich hineinfühlte, umso wunder, verwundeter, verletzbarer fühlte ich mich. Es war aber in Ordnung so. Sich öffnen heißt auch, sich verletzbar zu zeigen. Seine eigene Verletzbarkeit nicht mehr zu verleugnen, sondern endlich anzunehmen.

Unser Leid, unsere Ängste oder Schuldgefühle sind einst entstanden, weil wir verletzt worden sind.

Wir mochten uns aber nicht verletzlich zeigen, verschlossen diese Gefühle und ließen sie nicht mehr an uns herankommen. Erst wenn wir den Mantel der Unverletzbarkeit ablegen und die damals erlebten Schmerzen in uns zulassen, also auch die Verletzung bewusst zulassen, können wir uns von dem damaligen Schmerz wirklich heilen.

Der Schmerz, der uns einst verletzt hat, heilt uns auch wieder.

Ob es sich um physische oder psychische Gewalt handelte, um sexuellen oder jede andere Art von Missbrauch oder um Demütigungen – völlig egal, worum es einst ging –, wir müssen den Schmerz und die Verletzung noch einmal zulassen, durch diese Gefühle noch einmal hindurchgehen.

Erst dann haben wir unser Leid, unseren Schmerz, unsere Wunde wirklich angenommen.

Durch das wirkliche Annehmen können wir schließlich in Liebe loslassen, uns befreien.

Schuldgefühle, Ängste, Blockaden, alte Muster annehmen, um sie aufzulösen – hinter diesen Worten verbirgt sich ein sehr tief greifender seelischer, emotionaler Prozess, der in Worten nicht einfach zu beschreiben ist.

Er ist nur auf der Gefühlsebene richtig wahrnehmbar, daher auch nicht nachahmbar.

Heilung erfolgt immer nur durch eigene, innerseelische Prozesse, die jeder für sich selbst durchlaufen muss.

Mit allen Höhen und Tiefen. Mit allen Schmerzen, Wunden und Tränen.

Nach meinem dreitägigen Emotionaltraining wurde ich oft gefragt: »Was ist das genau? Was geschieht da? Was macht man da?«

Diese Fragen sind nicht einfach zu beantworten, denn die meiste ›Arbeit‹ geschieht auf der Gefühlsebene.

Nachdem jeder seine eigenen Wunden und Verletzungen zu heilen hat, verläuft es auch mit Sicherheit jedes Mal anders. Ein genereller oder üblicher Ablauf lässt sich somit nicht wirklich beschreiben.

Meine Erfahrung war, dass ich mich nach diesen drei Tagen fühlte wie ein Vogeljunges, das während des Aufenthalts liebevoll gepflegt und gehegt wurde. Ein Vogeljunges, dem man die Flügel gestärkt hat und jetzt wieder in das Leben entließ nach dem Motto:

»Flieg, kleiner Vogel, flieg. Deine Flügel sind jetzt stark genug, um dich mit Leichtigkeit durch das Leben zu tragen!«

Ich fühlte auch tiefen Frieden, große Liebe und Freude in meinem Herzen. Ich war überzeugt davon, trotz meiner Schwächen ein wertvoller Mensch zu sein und eine Existenzberechtigung zu haben. Eine wundervolle Erfahrung.

Mein Trainer beschreibt ein Emotionaltraining mit folgenden Worten:
Beim Emotionaltraining bekommst du die Chance, mit der wunderbaren Energie deines wahren Selbst in Verbindung zu kommen.

Du bekommst die Chance, einen direkten und unmittelbaren Zugang zu dir selbst zu finden, zu deinem wahren Wesen. Deinem wahren Wesen, welches irgendwo zwischen deiner Zeugung und deinem Erwachsenwerden auf der Strecke geblieben ist und darauf wartet, von dir wieder entdeckt zu werden.

Ist es nicht Tatsache, dass du ein Produkt deines Denkens bist plus der Sitten und Gebräuche und Traditionen?

Dazu kommt der Einfluss, den deine Angehörigen und andere Menschen auf dein jugendliches Gemüt während deines Wachstums haben.

Du bist in Wirklichkeit die Totalsumme deiner Überzeugungen und Meinungen zuzüglich dessen, was dir deine Erziehung und deine täglichen Begegnungen vermittelt haben und die zahllosen Einflüsse, die von der äußeren Welt her auf dich eingewirkt haben und durch deine äußeren Sinne aufgenommen worden sind.

Du bist nämlich gar nicht der, der du glaubst zu sein!

Natürlich bist du auch der oder die, aber du bist noch viel, viel mehr! Unter all den anerzogenen und erlernten Mustern schlummert dein wahres Selbst, dein göttliches, vollkommenes Kind und kann es kaum erwarten, in deinem Leben wieder die Rolle einzunehmen, die ihm gebührt.

All die Masken, die du – dein Ego, dein Verstand – für dich ausgewählt hast und die du gewohnt bist zu tragen, sind wirklich nichts außer Masken. Sie verdecken, wer du in Wahrheit bist.

> **Wer etwas erfahren möchte,**
> **das er noch nie erfahren hat,**
> **wird wohl etwas tun müssen,**
> **das er noch nie getan hat.**

Wie riesengroß ist die Erleichterung, einmal alle Masken und Verstellungen sein lassen zu können und die Kontrolle – wenn anfangs auch nur für kurze Zeit – einmal aufgeben zu können.

Wie viel unnötig gebundene und blockierte Energie doch in Menschen in nur wenigen Augenblicken frei werden kann.

Endlich einmal Nein sagen zu können, ohne ein schlechtes Gewissen zu haben. Endlich einmal klar und deutlich zum Ausdruck bringen, welche Bedürfnisse du hast. Mit neuem Selbstvertrauen an deine selbst gewählten Aufgaben herangehen zu können, deine Existenzängste und Selbstzweifel als Illusion zu erkennen, das sind nur ein paar Beispiele dafür, was beim Emotionaltraining passieren k a n n .

**Keine Zukunft vermag gut zu machen,
was du in der Gegenwart versäumst.**

Was wirklich passiert, wenn du entdeckst, wer du in Wahrheit bist, kannst einzig und allein du wissen und erfahren, wenn du dazu bereit bist, es willst.

Das Training kann nur eines: dir einen geschützten Rahmen schaffen, in dem du dir erlauben kannst, alte Begrenzungen, Einstellungen und Vorurteile fallen zu lassen. Ein Energiefeld schaffen, in dem du beginnen kannst, dein wahres Wesen zu akzeptieren. Ein Übungsfeld für Selbstannahme und Selbstliebe. Alles, was du bist und jemals warst und jemals sein wirst, ist göttlich. Du darfst endlich aufhören mit all den alten Selbstvorwürfen, der Selbstzerstörung, den Ängsten und Schuldgefühlen. All die Last, die du dir unnötig aufgeladen hast, darfst du gehen lassen. Du darfst dir erlauben, immer mehr Freude und Liebe in dein Herz, dein Leben fließen zu lassen.

Die Methoden, die in den Seminaren angewandt werden, sind teils uralt und teilweise neu, sie sind ungewöhnlich und gleichzeitig einfach:

Achtsamkeit, Bewusstsein, Meditation, Tanzen, bewusstes Atmen, Arbeit mit dem inneren Kind sind nur ein paar Begriffe, die dir auf der Verstandesebene helfen sollen zu verstehen, was passiert.

Doch es geht nicht um Verstehen und Wissen im alten Sinne, es geht nicht um Anhäufung von noch mehr Wissen, sondern es geht um Verständnis und Weisheit.

> *An jenem Tage, der kein Tag mehr ist, wird ER vielleicht sagen:*
> *»Was tretet ihr an mit euren Körbchen voller Verdienste,*
> *die klein sind wie Haselnüsse und meistens hohl?*
> *Was macht ihr mit euren Taschen voller Tugenden,*
> *zu denen ihr gekommen seid aus Mangel an Mut,*
> *weil euch die Gelegenheit fehlte, oder durch fast perfekte Dressur?*
> *Hab ich euch davon nicht schon vor 2 000 Jahren befreit?*
> *Wissen will ich eines:*
> *Habt ihr euer Leben auch wirklich gelebt?*
> *Habt ihr die anderen angesteckt mit Leben?*
>
> Autor unbekannt

Was nützt es einem Menschen also, wenn er die ganze Welt gewinnt, dabei aber sich selbst verliert?

Jemanden mit freud- und liebevollem Leben anzustecken vermag man nur, wenn man sein eigenes als solches erfährt und erlebt.

Auf dem Weg dahin können uns folgende zehn Gebote, die wir als wahr erkennen und verinnerlichen sollten, sehr gut begleiten und unterstützen.

Es handelt sich dabei um zehn positive Grundeinstellungen. ›Einstellungs-Sätze‹, die den meisten Menschen abhanden gekommen sind.

Diese Grundeinstellungen aber sind für ein erfülltes, glückliches Leben von fundamentaler Bedeutung.

Du selbst kannst beim Lesen für dich überprüfen, wie du persönlich in den angegebenen Punkten strukturiert bist:

- Ich bin! – Ich bin da!
  Ich bin willkommen auf der Welt!

Ich bin, so wie ich bin!
- Ich brauche – ich habe Bedürfnisse!
  Ich habe das Recht, meine Bedürfnisse zu fühlen!
  Ich habe das Recht, sie auszusprechen!

- Ich vertraue (einer ordnenden höheren geistigen Kraft)!
  Ich glaube!

- Ich bin berechtigt!
  Ich brauche nicht (mehr) kämpfen!

- Ich fühle! Ich habe Gefühle!
  Ich kann / darf meine Gefühle wahrnehmen!
  Ich kann ihre Energie für mich einsetzen und nutzen!

- Ich bin liebenswert!
  Ich habe das Recht, geliebt zu werden!
  Meine Liebe ist wertvoll!

- Ich bin gut genug!
  Ich bin genauso gut wie du!
  Ich bin nicht besser oder schlechter als du!

- ICH zuerst! – Ich stehe für mich an erster Stelle!
  Bevor ich anderen Menschen etwas geben kann, muss ich für mich selbst gesorgt haben! (Besonders wichtig für Menschen mit Helfersyndrom.)
- Ich bin für mich verantwortlich – und du für dich!

- Ich denke! Ich weiß!!

Autor: Dr. med. Gotthard Eckl

Seit ich die Grenzen, die man mir setzte, nicht mehr anerkenne –

nicht mehr als Grenzen erlebe,
spüre ich erst, wie stark ich bin,

......wie grenzenlos ich sein kann.

Autor unbekannt

Du bist nicht Opfer,
sondern Schöpfer deines Lebens

Opfer- / Täterrolle

Energieräuber

Gleichmut

So wie jede Jahreszeit, so hat auch jede Erfahrung und jeder Lebensabschnitt seinen besonderen Glanz.

... die weiße Schönheit des Schnees im Winter
... die drängende Fülle des Frühlings
... die Hitze und ungestümen Gewitter des Sommers
... die glühenden Farben und rauschenden Düfte des Herbstes

Es liegt allein in deiner Verantwortung,

wie glanzvoll
oder
glanzlos

du die Jahres-Zeiten deines Lebens erlebst.

In den vergangenen Jahren habe ich mich intensiv mit meinem Leben und mit meinen Lebenssituationen auseinander gesetzt. Hab mich bewusst den unzähligen Fragen nach dem ›Wie‹, ›Warum‹ und ›Weshalb‹ gestellt und mich bemüht, bei der Beantwortung meiner vielen Lebensfragen ehrlich zu sein. Vor allem ehrlich zu mir selbst.

Dies war insofern eine große Herausforderung für mich, als dass ich in vielen Bereichen meines Lebens aufhören musste, anderen die Schuld für irgendetwas zu geben.

Ich nahm mich selbst sehr kritisch unter die Lupe und durfte erkennen, dass ich für nahezu alle Situationen, Entwicklungen und Begebenheiten meines Daseins selbst die Verantwortung zu tragen hatte.
Bis zum Resultat meiner heutigen Erkenntnisse blieb es eine sehr große Herausforderung für mich, für all jene Menschen, die mich umgaben oder heute noch umgeben, die mich prägten oder immer noch prägen, nicht zum Moralapostel zu werden, sie nicht zu verurteilen, aber auch nicht alles mit psychologischen Weisheiten und Harmoniegesäusel zu überdecken.

> Es ist nicht leicht, alle Personen in ihren menschlichen
> Verstrickungen ebenso einfach sein zu lassen
> wie sich selbst mit seinen Widerständen dagegen.

Für mich haben sich auf meiner Entwicklungs- und Entdeckungsreise zu mir und über mich selbst drei sehr bedeutsame Lebensleitsätze herauskristallisiert.

Rollenspiel Opfer und Täter

Du darfst dir endlich bewusst werden, dass du nicht Opfer, sondern Schöpfer deines Lebens bist.
Genauso darfst du dir bewusst werden, dass du, solltest du gerade die Opferrolle gewählt haben – und diese ist manchmal ja auch ganz bequem –, gleichzeitig auch Täter bist. In dem Maße, wie du dich nämlich

selbst klein und schwach machst, deinen eigenen Wert, deine eigene Größe, deine eigene Stärke nicht erkennst, dich selbst verleugnest, in dem Maße erlaubst du einem anderen, dir Unrecht – in welcher Form auch immer – zu tun.

Im Umkehrschluss wird demzufolge der vermeintliche Täter zum Opfer und du selbst insofern zum Täter, als du diese andere Person durch deine Handlungs- und Verhaltensweise in die Rolle des Täters gedrängt hast. Du bist immer beides. Opfer und Täter.

Wer immer das vermeintliche Opfer ist: Es gibt nur einen einzigen Weg, diesen Kreislauf zu durchbrechen. Werde dir deiner eigenen Stärke, Größe und Wertigkeit bewusst, werde dir bewusst, wer du in Wahrheit bist.

Bring diese neue, wundervolle Erkenntnis über dich selbst klar und deutlich zum Ausdruck, lebe sie.

Sei, wer du in Wahrheit bist.

Genau in diesem Moment wird dein Gegenüber gar kein Bedürfnis mehr haben, dich geringer zu behandeln, als du es verdient hast. Denn genau in diesem Moment wird dein Gegenüber erkennen, dass du nicht mehr klein und er nicht mehr groß ist, sondern dass ihr beide auf derselben Stufe steht.

Da ich nicht weltfremd bin, weiß ich aber auch, dass es sehr wohl viele Menschen gibt, die aus Unsicherheit, mangelndem Selbstwertgefühl, fehlender Selbstliebe und daraus resultierender Angst eine gleiche Stufe nicht aushalten und noch aggressiver werden, wenn sie merken, dass sie mit ihren Macht- und Unterdrückungsspielchen nicht mehr weiterkommen.

Schlimmstenfalls kann das sich zur Gleichwertigkeit erheben sogar eine blinde Zerstörungswut in der anderen Person auslösen.

In diesen Fällen liegt es in deiner Verantwortung, die Beziehung oder das Gespräch rechtzeitig zu beenden, aus der Partnerschaft oder der Diskussion auszusteigen.

In diesen Extremfällen liegt es sowohl in deiner Verantwortung als auch in deiner Verpflichtung, dich aus dem Spielfeld zu nehmen.

So aussichtslos eine Situation auf den ersten Blick oft auch scheinen mag, es gibt immer einen Weg. Beschreiten musst du ihn allerdings selbst. Den ersten Schritt zur Veränderung musst du selbst tun, den wird und kann dir niemand abnehmen. Dies liegt an der Gesetzmäßigkeit der freien Wahl, die wir täglich haben.

Hin und wieder gelangt man im Leben eben an einen Punkt, an dem man nicht mehr verhandeln, sondern handeln muss. Handeln, um endlosen, zermürbenden Verhandlungen oder einer destruktiven Gesprächskultur ein Ende zu setzen.

Handeln, um sein Leben glanzvoll statt glanzlos zu gestalten.

Sobald Schwierigkeiten auftauchen, ein mehr oder weniger harter Schicksalsschlag unseren Lebensweg kreuzt, verlieren wir Glauben, Hoffnung und Vertrauen ...

anstatt gerade darin eine neue Chance wahrzunehmen.

Es lohnt sich immer, vorwärts zu schauen und mutig voranzuschreiten –

denn selbst auf der kargsten Strecke des Weges entsteht immer und immer wieder Neues!

Brigitte Beck

Wenn du den ersten Schritt aus der vermeintlichen Angst und Hoffnungslosigkeit gewagt hast, an deinen Erfolg und deine Stärke wirklich glaubst, ergeben sich die weiteren Schritte wie von selbst.

**Du bist nicht Opfer,
sondern Schöpfer deines Lebens.**

Sobald du durch Erhöhung deines Bewusstseins erkannt hast, dass in jeder Lebenssituation auch ein Teil deiner Verantwortung liegt, wirst du insofern ein unglaublich befreiendes und zugleich bereicherndes Gefühl erfahren, als dass du deinen Blick nicht mehr mit Groll oder Schuldzuweisungen auf Vergangenes werfen wirst, sondern mit Verständnis, Dankbarkeit und Wertschätzung.

Energieräuber

Umgib dich nicht mit negativ denkenden, permanent jammernden, das Leben schwarz malenden Menschen.

Hör nicht auf Personen, die die schlechte Angewohnheit haben, pessimistisch zu sein. Sie stehlen dir die tiefsten Hoffnungen deines Herzens.

Unterschätze nicht die Kraft, die Worte haben, die du hörst oder liest.

Sei immer taub, wenn jemand dir sagt, du könntest deine Träume nicht verwirklichen.

Bemühe dich immer, positiv zu sein, positiv zu denken.

> *Ein positiv denkender Mensch*
> *lehnt es nicht ab, das*
> *Negative zur Kenntnis zu*
> *nehmen.*
> *Er weigert sich nur, sich*
> *ihm zu unterwerfen.*
>
> Norman Vincent Peale

Überprüfe immer wieder, ob du dich in einer Gesellschaft wohl fühlst oder nicht. Spüre, wessen Anwesenheit, welche Gespräche dir gut tun und welche dir Energie rauben.

Werde sensibel und offen dafür, welche Personen und Diskussionen dir gut tun, dich aufbauen und welche dir schaden, dich in ein Tief stürzen, hinabziehen.

Ich meine damit Menschen, die ständig nur anklagen und verurteilen. Menschen, die das Jammern darüber, wie schlecht es ihnen geht, und das Nörgeln über die Ungerechtigkeit im Leben, über Gott und die Welt geradezu zu ihrer Lebensphilosophie gemacht haben.

Solche Menschen ziehen dich in die tiefsten Tiefen eines finsteren Seelenabgrunds, in dessen Gestrüpp du dich allzu leicht hoffnungslos verfangen kannst.

Dies soll jetzt natürlich keinesfalls heißen, dass man einer Freundin oder einem Freund nicht mehr zuhören soll, wenn er oder sie gerade Probleme hat oder in einer Krise steckt.

Selbstverständlich ist man für seine Freunde und Mitmenschen da, schenkt ihnen Mitgefühl, hört sich deren Sorgen und Probleme an, hat ein offenes Ohr.

Je nach Situation begleitet man durch den Schmerz, unterstützt mit Gesprächen und Taten, erarbeitet gemeinsam konstruktive Lösungsmöglichkeiten.

Achte aber auch in diesen Fällen immer sehr gut darauf, dass du nicht letztlich selbst in die Tiefe stürzt. Wenn dich jemand um Hilfe bittet, der gerade in das berühmte schwarze Loch gefallen ist, wirf ihm sehr wohl eine Strickleiter zu, an der er Sprosse für Sprosse wieder hochklettern kann. Wirf sie ihm zu, indem du ihm zuhörst, deine ehrliche Meinung sagst, Wege aufzeigst, dir für ihn Zeit nimmst, Verständnis zeigst, Mitgefühl hegst – steig aber unter keinen Umständen selbst hinunter.

In ihrer ersten Verzweiflung, Mut- und Kraftlosigkeit sind nämlich Menschen oft nicht bereit, ihren ersten Schritt Richtung Licht selbst zu gehen, um Heilung zu erfahren. Vielmehr erwarten oder fordern sie geradezu, dass der andere die Strickleiter hinunter zu ihnen klettert. Damit ist aber niemandem gedient.

Weder dem, der gerade Hilfe oder Trost benötigt, noch dem, der seine Hilfe anbietet. Im Gegenteil.

Wenn der Helfende selbst hinunterklettert, sitzen letztlich beide in der Dunkelheit fest.

Verwechsle also Mitgefühl nicht mit Mitleid. Durch Mitgefühl kannst du jemandem helfen, nicht aber durch Mitleid. Denn wie das Wort selbst schon zum Ausdruck bringt, würdest du in kürzester Zeit selbst leiden und wärst nicht mehr in der Lage, Hilfe zu gewähren. Vielmehr bräuchtest du dann selbst welche, da du ja jetzt selbst auch leidest.

Diese Aussage steht auch keineswegs im Widerspruch zu dem bekannten Sprichwort: »Geteiltes Leid ist halbes Leid.«
Durch Mitgefühl können wir tatsächlich Leid halbieren, während wir es durch Mitleid verdoppeln würden.

Gleichmut

Übe dich in Gleichmut hinsichtlich all jener Dinge, Situationen und Begebenheiten, die sich ohnehin nicht ändern lassen.

Erkenne unabänderliche Situationen als das an, was sie sind. Sie sind nichts weiter als Erfahrungen, und jede Erfahrung dient wiederum deinem Fortschritt.

Dies hat nichts mit Resignation, Passivität oder gar Gleichgültigkeit zu tun oder soll keine Aufforderung sein, phlegmatisch durchs Leben zu gehen. Keineswegs. Dies wäre eine völlig falsche Interpretation.

Ich meine damit lediglich, sich nicht unnötig lange über etwas zu grämen oder nachhaltig verärgert und enttäuscht zu sein, was sich ohnehin nicht oder nicht mehr ändern lässt. Natürlich kannst du kurz deinen Unmut über etwas äußern und fühlen, dann aber lass das betreffende Thema los. Es bringt dich nicht weiter, gedanklich daran festzuhalten.

Gleichmut bedeutet: geschehen lassen, zulassen und nicht zuletzt auch loslassen können.

Befreie dich von zwanghaften Denkmustern, baue inneres Vertrauen auf. Vertrauen darauf, dass genau das passieren wird, was passieren muss. Und zwar zur richtigen Zeit.

Wenn etwas wirklich wichtig für dich ist und vor allem auch das Richtige, dann wird es geschehen, dann wird es in dein Leben kommen; wenn nicht, war es nicht das Richtige.

Denke in Ruhe darüber nach und werde dir bewusst, um wie viel leichter sich so manche Situationen im Leben durch diese Geisteshaltung gestalten.

Nicht nur im Hinblick auf Gegenstände oder Situationen solltest du dich in dieser Disziplin üben. Lass auch Menschen in deinem Umfeld einfach sein, wie sie sind. Urteile nicht. Bemühe dich, wertfrei zu sein.

Erinnere dich bei nächster Gelegenheit daran:

Übe dich in Gleichmut

und freu dich darüber, wenn sich infolgedessen weniger Sorgen- oder Zornesfalten auf deiner Stirn bilden, dafür aber viel öfter ein bezauberndes, freundliches, verstehendes Lächeln dein Gesicht erhellt.

Gleichmut ist mit einer Offenheit des Herzens verbunden. Mit einem Annehmen von dem, was ist.

Gleichmut hilft dir, eine ausgeglichene Geisteshaltung zu bewahren.

Gleichmut ist die Kunst, unterscheiden zu können, was in deiner Macht steht – und was nicht.

**Gleichmut ist die Fähigkeit,
die Dinge hinzunehmen,
die du nicht ändern kannst.**

**Mut ist,
die Dinge zu ändern,
die du ändern kannst.**

**Weisheit ist,
das eine vom anderen
zu unterscheiden.**

Du bist nie allein

Sei dir immer bewusst: Du bist nie allein.

Es gibt da eine Geschichte, wonach eine verstorbene Seele im Himmel neben Gott steht.

Sie schauen beide auf die Erde hinab, auf alle Wege, die die Seele während ihres Lebens gegangen war.

Die verstorbene Seele betrachtet den Weg und sagt: »Ich sehe Stellen, wo wir zusammen gegangen sind, da gibt es zwei Fußspuren, und es war wunderbar dort.

Und dann sehe ich Stellen, wo nur eine Spur verläuft.

Das waren die Zeiten großer Schwierigkeiten für mich, da fühlte ich mich verloren und allein. Wo warst du, Gott, als ich dich brauchte?«

Und Gott wendet sich der Seele zu und sagt: »Das war, als ich dich getragen habe.«

DU BIST WIRKLICH NIE ALLEIN!!!!!!

Jeder kann mit Gott, den Engeln, seinem Schutzengel sprechen.
Wir konnten es immer schon. Es ist nichts Magisches oder Übernatürliches.
Erst mit dem Dogma der Kirche und der Hexenverfolgung im Mittelalter wurde diese Fähigkeit zu einer außernatürlichen, magischen Praktik degradiert.
Die verfolgten Hexen und Hexer waren sehr feinfühlige, weise Frauen und Männer und dem Dogma, dass nur die Kirche den Weg zu Gott ebnen kann, im Weg.
Sie waren Menschen, die mit dem Universum und Gott im Einklang lebten und darauf vertrauten, was Gott, die Engel, ihr Schutzengel ihnen eingaben.
So waren ihnen zum Teil auch Heilungen möglich, die Ärzte nicht vollbringen konnten.
Ärzte aber konnten nicht zulassen, dass einfache Frauen und Männer oft mehr ausrichten konnten als sie selbst.
Ebenfalls war es für die Machtansprüche der Kirche undenkbar und bedrohlich, dass normale Menschen mit Gott sprechen konnten, Verbindung zur göttlichen, universellen Energie hatten, war dies doch den Kirchenoberhäuptern laut Kirchengesetz vorbehalten.
Aus all diesen Gründen kam es zu der grauenvollen Verfolgung und Vernichtung so vieler Menschen auf qualvolle Weise.
Vielleicht selbst Opfer jener Zeit und unter Folter auf dem Scheiterhaufen Würde, Stolz und Leben gelassen, wagen heute viele nicht mehr, sich mit der geistigen Welt zu verbinden, sich darauf einzulassen.

Möglicherweise wurde seinerzeit der Schwur geleistet, dass einem so etwas nie mehr widerfährt. Geschworen, nie mehr wieder durch ›Anderssein‹ aufzufallen und nie wieder der geistigen Welt zu folgen.

Diesen Schwur dürfen wir heute, im 21. Jahrhundert, aufheben – und uns ohne Gefahr der liebevollen Begleitung und Führung der geistigen Welt öffnen und anvertrauen.

Behandlung durch Liebe

Folgende Meditation von Louise L. Hay, täglich gelesen, ist sehr hilfreich.

Sie fördert dein Gesundheitsbewusstsein und einen gesunden Körper.

Erst wenn du genug Liebe zu dir selbst, für dich selbst entwickelt und verinnerlicht hast, fließt dein Leben mit Leichtigkeit und Harmonie, in Gesundheit, Wohlstand und Freude.

Meditation:

Tief in der Mitte meines Wesens sprudelt ein unendlicher Quell der Liebe. Ich erlaube nun, dass diese Liebe zur Oberfläche emporwallt. Sie erfüllt mein Herz, meinen Körper und mein Denken, mein Bewusstsein und mein innerstes Sein, und sie strahlt von mir aus in alle Richtungen, um mit vermehrter Kraft zurückzukehren. Je mehr Liebe ich übe und gebe, desto mehr habe ich zu geben; der Nachschub ist grenzenlos.

Wenn ich Liebe übe, fühle ich mich wohl; das ist ein Ausdruck meiner inneren Freude. Ich liebe mich, und deshalb sorge ich liebevoll für meinen Körper. Liebevoll ernähre ich ihn mit guten Speisen und Getränken, pflege und kleide ihn liebevoll. Mein Körper dankt mir dafür mit Liebe, strahlender Gesundheit, Vitalität und Energie. Ich liebe mich, deshalb bereite ich mir ein behagliches Zuhause, das alle meine Bedürfnisse erfüllt und wo mir der Aufenthalt ein Vergnügen ist. Ich durchtränke alle Räume mit Schwingungen der Liebe, sodass alle, die sie betreten – auch ich selbst – diese Liebe spüren und sich von ihr gestärkt fühlen werden.

Ich liebe mich, deshalb arbeite ich an einem Platz, wo ich die Arbeit wirklich genieße, wo meine schöpferischen Begabungen und Fähigkeiten zum Einsatz kommen. Ich arbeite mit und für Menschen, die ich liebe und die mich lieben, und ich verdiene damit ein gutes Einkommen. Ich liebe mich; deshalb verhalte ich mich liebevoll gegenüber allen Menschen und denke liebevoll an sie, denn ich weiß, dass alles, was ich gebe, vermehrt zu mir zurückkehren wird. Ich ziehe in meine Welt nur liebevolle Menschen an, denn sie sind ein Spiegel dessen, was ich bin.

Ich liebe mich; deshalb vergebe ich und löse mich völlig von der Vergangenheit und allen Erlebnissen in der Vergangenheit, und ich bin frei. Ich liebe mich, deshalb lebe ich täglich im Jetzt und erlebe jeden Augenblick als gut. Ich weiß, dass meine Zukunft licht, freudvoll und sicher ist, denn ich bin ein geliebtes Kind des Universums, und das Universum sorgt liebevoll für mich, jetzt und immerdar. Und so ist es.

Invokationen

entnommen aus dem Buch
›Der Lichtkörper-Prozess von Tashira Tachi-ren‹

INVOKATION DER HÜTER DER FLAMME

ICH BIN ein Hüter der Flamme.
Ich trage sie
in alle Teile dieser Welt.
ICH BIN ein Hüter der Flamme.
Ich trage sie
in jeden Teil meines Wesens.
Ich halte die Flamme Gottes hoch,
damit alle das strahlende Licht
des göttlichen Planes sehen mögen.
ICH BIN ein Hüter der Flamme,
und ich trage sie in viele Welten,
auf dass alle das Licht kennen mögen
und es weitertragen.

INVOKATION DES SPIRALTANZES

*Aus meiner Mitte rufe ich die Spirale.
Ich drehe mich, ich leuchte.
Aus meiner Mitte lasse ich die Spirale wachsen
im Heim meiner Seele.
Ich dehne meine Seele aus und lasse sie sich drehen.
In meinem Körper beginnt der Tanz.
Die Spirale wächst und hat ihre Spitze in meinem Herzen.
Sie umgibt meinen Körper, und das Vibrieren beginnt.
Vom höchsten Geist in die Seele.
Wie oben, so unten.
Eine andere Spirale, die von Christus kommt
und aus einem höheren Licht geschaffen ist,
trifft auf meine Spirale,
stimmt sich vollkommen in ihr Schwingen ein
und bringt die Spitze tief in mein Inneres.
Wo sie sich berühren,
zieht eine Flamme so hell, so strahlend
meinen Körper ins Licht.
Es ist der Christus in mir,
der die Galaxien sich drehen lässt.
ICH BIN vom Licht hingerissen,
so lass uns den Spiralentanz tanzen.*

Schlusswort

Führe dein Leben nicht nach Regeln oder Richtlinien, die andere für dich aufstellen.
 Regeln und Richtlinien sind lediglich als Hilfestellungen oder Orientierungshilfen gedacht. In dem Moment aber, in dem sie dich massiv in deiner Entwicklung behindern, verfehlen sie ihren Zweck.
 Du hast die Freiheit, nach deinen eigenen Vorstellungen zu leben.

»Schön wär's!«, sagst du jetzt vielleicht und zeigst auf die Fesseln an deinen Händen und Füßen.

»Wer hat dich in Fesseln gelegt?«

Du musst nur lernen, aus dem Gefängnis deiner falschen Überzeugungen auszubrechen. Wage es auszubrechen aus deinem unnötig begrenzten Selbst.

Ich persönlich habe für den gesamten Lernprozess sehr lange gebraucht.
 Mein Weg dahin ist gepflastert mit Siegen und Niederlagen, mit Freuden und Leiden, mit Lachen und Weinen ...

Möge
        DEIN Weg der Ent-wicklung,
        DEIN Weg zu deinem ICH BIN,
        DEIN Weg zu deinem wahren Selbst

nicht so beschwerlich sein.

Von Herzen wünsche ich dir, dass dein Weg getragen sein möge von Leichtigkeit, Lachen, Freude und tiefer Liebe – und wenn ich mit diesem Buch einen kleinen Beitrag dazu leisten konnte, auf welche Weise auch immer, so ist dies sowohl das größte Geschenk für mich als auch mein Geschenk an dich.

Vertraue einfach auf deine Verbindung mit dem Ursprung allen Seins. Lass dich ein auf deine innere, göttliche Stimme.

Intuition, so denken viele, ist etwas, was man entwickeln und erlernen muss. Tatsächlich aber verhält es sich ganz anders: Wir sind alle von Natur aus intuitiv und müssen nur lernen, auf die schon vorhandenen Eingebungen zu hören und sie richtig zu ›übersetzen‹.

Lerne deinem Gefühl, deinen Wahrnehmungen, deinen so genannten Geistesblitzen und Empfindungen zu vertrauen.

Alles was du brauchst und wissen musst, um weise geführt durch dein Leben zu gehen, trägst du in dir.
Niemand braucht dich in die Nähe des Göttlichen bringen. Du bist bereits da.
Du brauchst die Verbindung zur Quelle, zu Gott, zu deinem wahren Selbst, zu deiner höchsten Wahrheit nicht irgendwo im Außen suchen.
Du trägst diese Verbindung – den göttlichen Funken – in dir, in deinem innersten Wesen.
Es ist aber völlig in Ordnung, wenn du für deine ersten Schritte deiner Ent-wicklung, deiner Entdeckungsreise zu dir selbst das eine oder andere Seminar in Anspruch nimmst, die eine oder andere Ausbildung machst.

Egal wofür du dich vielleicht entscheidest – Reiki, Yoga, Pranic-Healing, Kristall-Licht-Transformation, Magnified-Healing, Emotionaltraining, Schamanismus usw. –, überprüfe IMMER, ob es sich für dich richtig anfühlt, ob es auch wirklich DEINER Wahrheit entspricht.

Glaube Verkündetes oder Gelehrtes nicht nur deswegen, weil es verkündet oder gelehrt wird. Glaube nicht den Botschaften deines Lehrers, nur weil er für dich vielleicht eine Autorität darstellt. Überprüfe immer, was diese Lehre mit dir macht, wie sie sich für dich persönlich anfühlt.
Bleib stets in deiner Verantwortung, in deiner Mitte, und verlier dich nicht in Glaubens- oder Lebensregeln, die nicht deiner Wahrheit entsprechen.

Wähle deine(n) Lehrer(in) sorgfältig aus.

Wenn ein(e) Lehrer(in) anstatt einer Begrüßung gleich zu Beginn des Seminars die Frage stellt: »Haben auch alle bezahlt?«, dann steh bitte auf und geh. Hab ich selbst so erlebt. In solchen Fällen steht nicht dein Wohlergehen im Vordergrund, sondern das Geldverdienen. Das sind falsche Lehrer.

Pflege auch keinen Umgang mit Menschen, die dir Wunder und Erleuchtung versprechen.
 Sie können dich nicht von deinen selbst auferlegten Begrenzungen und Leiden befreien, sie können dir deine Antworten nicht geben. Das kannst nur du selbst tun.
 Es gibt nur einen Menschen, der sich vom Gefängnis seiner falschen Überzeugungen befreien kann, und das bist DU.
 Ein wahrer Lehrer wird dich dabei liebevoll begleiten und unterstützen, er wird aber niemals versuchen, dich zu beeinflussen.
 Ein wahrer Lehrer reicht dir lediglich seine Hand, um dich auf deiner Entdeckungsreise zu deinem ICH BIN zu unterstützen.

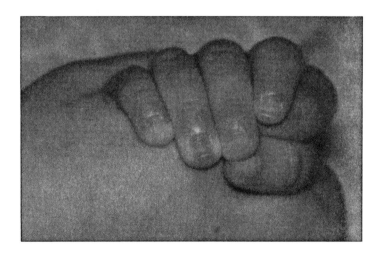

Er holt dich dort ab, wo du gerade stehst, und begleitet dich dorthin, wohin du dich ohnehin auf den Weg gemacht hast. Ohne dir ein Ziel vorzugeben, ohne dich von deinem selbst gewählten Ziel abbringen zu wollen.

Wahre Lehrer versuchen nicht, dich zu manipulieren oder gar abhängig zu machen. Vielmehr sind sie bemüht und bestrebt, dir den Weg zu deinem inneren Licht und damit in deine geistige Freiheit zu zeigen.

Glaube niemandem, der behauptet, die Erlösung läge irgendwo in weiter Ferne, außerhalb von dir. Das ist nicht wahr.

Alle Antworten, die du suchst, findest du in der Stille deines Herzens. In deinem Herzen trägst du den göttlichen Funken, das Geheimnis des Lebens.

Dieses Geheimnis besagt, dass du dein Leben in Liebe, Licht, Bewusstsein und Freude leben darfst und sollst. Deine Seele ist auf diese höchsten Gefühle aus, danach verlangt sie, das ist ihr Ziel.

Lebe dein Leben nicht nach fremden Glaubenssätzen und Dogmen, orientiere dich am Verlangen deiner Seele. Dies ist dein Weg zurück zu deiner höchsten Wahrheit, zu deinem höheren Selbst.

Bei der Entdeckung deiner höchsten Wahrheit geht es nicht darum, durch Arbeit mit universeller Energie oder Kontakt zur geistigen Welt der Realität zu entfliehen, um nur noch in höheren Sphären herumzuschwirren.

Vielmehr geht es um die Erfahrung, dass du HIER und JETZT mit Lebensfreude präsent sein darfst.

HIER und JETZT darfst du sein, wer du in Wahrheit bist.
HIER und JETZT darfst du den göttlichen Funken in dir entdecken und zum Leuchten bringen.

Und wenn der Funken Nahrung erhält, wird er zu einer Flamme. Daraus entsteht ein loderndes Feuer, eine Quelle der Wärme und des Lichtes.

Für dich selbst und für alle, die in deine Nähe kommen.

*Jeder von uns ist ein einzigartiges,
unverwechselbares, vollkommenes Wesen der
Schöpfung, des göttlichen Plans.
Würden wir uns bei jeder Begegnung bewusst
machen, dass wir alle aus demselben Licht kommen,
dass wir alle auch wieder demselben Licht entgegengehen,
dann würden wir erkennen:*

JEDER von uns trägt den göttlichen Funken in sich.

Brigitte Beck

Es ist unser Licht, das wir fürchten, nicht unsere Dunkelheit.

Wir fragen uns: »Wer bin ich denn eigentlich, dass ich leuchtend, hinreißend, begnadet und fantastisch sein darf?«

Wer bist du denn, dass du das NICHT sein darfst?

DU BIST EIN KIND GOTTES!!!

Wenn du dich klein machst,
dient das nicht der Welt.
Es hat nichts mit Erleuchtung zu tun,
wenn du dich einkringelst,
damit andere um dich herum
sich nicht verunsichert fühlen!
Du wurdest geboren, um
die Ehre Gottes zu verwirklichen,
die in uns allen ist.
Sie ist nicht nur in einigen von uns –
sie ist in JEDEM Menschen!
Wenn wir unser Licht erstrahlen lassen,
geben wir unbewusst den anderen Menschen
die Erlaubnis, dasselbe zu tun.
Wenn wir uns von unserer Angst befreit haben,
wird unsere Gegenwart ohne Zutun andere befreien!

Antrittsrede von Nelson Mandela, 1994

KONTAKTADRESSEN:

Dr. Gotthard Eckl
Ganzheitsmediziner, Arzt,
Emotionaltrainer, Bewusstseinslehrer
Brennbichlstraße 10
A-4813 Altmünster
Tel. 07612-87144
www.emotionaltraining.at

Frau Renee Egelseer-Bründl
Lebensberaterin, Reiki-Lehrerin
Blindenmarkter Straße 52
A-4600 Schleißheim / Wels
Tel. 07242-29025

Frau Margit Steiner
Emotionaltrainerin, Reiki-Lehrerin
Autorin
Diepersdorf 57
A-4552 Wartberg / Krems
margit@emotional-healing.at

Über Erfahrungen, für Gespräche,
geführte Meditationen, Chakra- oder
Reikibehandlungen sowie für Informationen über
die heiligen Öle der Pharaonen zur Chakrabehandlung kannst du dich
auch jederzeit gern an mich persönlich wenden.

Brigitte Beck
Dipl. Wirbelsäulentrainerin
Reikimeisterin

Gartenstraße 40
A-4552 Wartberg / Krems

Arbeitsbuch 1
ISBN 3-934254-91-8
Smaragd-Verlag

Arbeitsbuch 2
ISBN 3-938489-04-9
Smaragd-Verlag

Margit Steiner

Arbeit mit den Aufgestiegenen Meistern

In enger Zusammenarbeit mit der geistigen Welt macht uns die Autorin mit den Energien der Aufgestiegenen Meister/innen vertraut. Erst nach einem behutsamen Reinigungsprozess treten wir durch eine Meditation in Kontakt zu dem jeweiligen Meister.

»Wir sind dankbar für dieses wunderbare Geschenk der geistigen Welt, denn damit ist es für jeden möglich, Verbindung mit ihr aufzunehmen und diese zu pflegen.«

Hinweis für den Leser

Es wird ausdrücklich darauf hingewiesen, dass weder Energiearbeit noch Chakrabehandlungen den Weg zum Arzt ersetzen.

Ferner wird für eventuelle Schäden, die aus den im Buch gemachten Hinweisen resultieren, keine Haftung übernommen.

VERZEICHNIS DER ZITIERTEN BÜCHER

Heile deinen Körper, von Louise L. Hay
Verlag Alf Lüchow
ISBN 3-925898-04-2

Der Lichtkörper-Prozess von Tashira Tachi-ren
Edition Sternenprinz
Hans-Nietsch-Verlag
ISBN 3-929475-66-9

Kryon Band VI, Über die Schwelle
Ostergaard Verlag
ISBN 3-933075-06-8

Kryon Band VII, Der Neuanfang
Ostergaard Verlag
ISBN 3-933075-08-5